Pascal Mödinger

Das Behaviour Driven Development in agilen Projekten der Automobilbranche

Ein Vergleich mit den Techniken Cucumber und Spock

Bibliografische Information der Deutschen Nationalbibliothek:

Die Deutsche Nationalbibliothek verzeichnet diese Publikation in der Deutschen Nationalbibliografie; detaillierte bibliografische Daten sind im Internet über http://dnb.d-nb.de abrufbar.

Impressum:

Copyright © Studylab 2021

Ein Imprint der GRIN Publishing GmbH, München

Druck und Bindung: Books on Demand GmbH, Norderstedt, Germany

Coverbild: GRIN Publishing GmbH | Freepik.com | Flaticon.com | ei8htz

Abstract

Das Ziel dieser Arbeit ist es herauszufinden, was die Probleme beim Automatisieren von Tests nach den Behaviour Driven Development (BDD) Prinzipien sind und welches Testwerkzeug sich für die Automatisierung am besten eignet. Zudem soll herausgefunden werden, welche Kriterien wichtig für die Auswahl von Testtools sind. Dazu wird folgende Forschungsfrage aufgestellt: „Welches Behaviour Driven Development Framework eignet sich zur Automatisierung von Akzeptanztests am besten?". Zur Beantwortung der Forschungsfrage werden noch die Fragen, „Welche Probleme gibt es bei dem Einsatz von BDD-Tools in agilen Softwareprojekten?" und „Welche Kriterien sind bei der Auswahl eines Testframeworks wichtig?" in dieser Arbeit aufgegriffen und bearbeitet. Zur Beantwortung dieser Fragen wird eine Online-Umfrage durchgeführt, um die Problemstellungen beim Einsatz von BDD-Frameworks herauszufinden. Die BDD-Frameworks werden anhand eines Testszenarios implementiert und mit aufgestellten Kriterien verglichen, die aus den Problemstellungen herausgearbeitet werden. Für den Vergleich werden die Frameworks Cucumber und Spock ausgewählt. Der durchgeführte Vergleich hat ergeben, dass sich Cucumber im Rahmen des aufgestellten Testszenarios besser als Spock für die Testautomatisierung eignet. Die Online-Umfrage hat gezeigt, welche Probleme beim Testen auftreten. Beispielsweise werden Testdaten in den Testfällen eingebaut, wodurch Änderungen der Testdaten sehr viel Aufwand nach sich ziehen. Aber auch eine fehlende oder schlechte Möglichkeit der Darstellung der Testfallergebnisse wurde unter anderem als Problem bei der durchgeführten Umfrage deutlich. Die Gewichtung aufgestellter Kategorien für den Vergleich hat gezeigt, dass eine gute Auswertung der Ergebnisse ausschlaggebend für die Wahl eines Frameworks zur Testautomatisierung ist. Aufgrund der Ergebnisse empfiehlt sich die Wahl eines Frameworks, welches verschiedene und umfassende Möglichkeiten bietet um die Testergebnisse anzuzeigen.

Inhaltsverzeichnis

Abstract III

Inhaltsverzeichnis IV

1 Einleitung, Motivation und Überblick 1

2 Problemstellung und Forschungsfrage 3

3 State of the Art von Softwaretesting 4
    3.1 Testautomatisierung 4
    3.2 Test Driven Development (TDD) 8
    3.3 Behaviour Driven Development (BDD) 10
    3.4 Unterschied zwischen TDD und BDD 12
    3.5 Aktuelle Forschungsarbeiten zu dem Thema 13

4 Methodisches Vorgehen 15

5 Ergebnis 18
    5.1 Vorstellung und Auswahl der BDD-Frameworks 18
    5.2 Testszenario 22
    5.3 Kriterienkatalog 24
    5.4 Ergebnisse der Implementierung mit Cucumber 28
    5.5 Ergebnisse der Implementierung mit Spock 39
    5.6 Vergleich der Frameworks 45

6 Fazit 50
    6.1 Zusammenfassung 50
    6.2 Limitations 50
    6.3 Next Steps 51
    6.4 Lessions Learned 51
    6.5 Contribution to Practice 52
    6.6 Contribution to Science 52

Abbildungsverzeichnis 53

Tabellenverzeichnis 55

Literaturverzeichnis 56

Anhang 58

1 Einleitung, Motivation und Überblick

Behaviour Driven Development (BDD) ist sowohl in der Forschung als auch in der Praxis ein relevantes Thema. Besonders in Projekten, die nach agilen Projektmanagementmethoden vorgehen hat BDD in den vergangenen Jahren immer mehr an Bedeutung gewonnen. Es gibt mittlerweile eine Vielzahl an Testwerkzeugen, die bei der Testautomatisierung von Softwaretests nach den BDD Prinzipien herangezogen werden können. Dabei ist es nicht immer einfach, ein Werkzeug für die speziellen Anforderungen in einem Projekt auszuwählen. Bei der Auswahl eines Testwerkzeuges ist auch darauf zu achten, welche Ebene von Softwaretests automatisiert werden soll. Diese Arbeit soll einen Überblick über gängige Tools zur Testautomatisierung nach den BDD-Prinzipien geben und bei der Auswahl eines Behaviour Driven Development Frameworks helfen. Dazu werden in dieser Arbeit verschiedene BDD-Tools miteinander verglichen.

Aktuell gibt es in dem Projekt die Herausforderung mit der Automatisierung der Softwaretests. In diesem Projekt für die Arbeit wird ein Konfigurator für KFZ-Fahrzeuge entwickelt. Dieser Konfigurator stellt verschieden Schnittstellen zur Verfügung, die beispielsweise den Preis und die Emissionswerte für ein konfiguriertes Fahrzeug errechnen und zurückgeben. Die eigens entwickelten Funktionen des Konfigurators sollen entsprechend mit Akzeptanztests abgedeckt werden. Ein Akzeptanztest ist eine bestimmte Art von Softwaretest und wird zu einem späteren Zeitpunkt in Kapitel 3.1.2 noch genauer vorgestellt. Derzeit werden noch viele Akzeptanztests der Konfigurator-Software manuell ausgeführt. Dabei müssen teilweise die Preise für konfigurierte Fahrzeug noch manuell errechnet, und mit dem richtigen Preis abgeglichen werden. Für den implementierten Konfigurator wurden aber auch schon einige Akzeptanztests mit dem Behaviour Driven Development (BDD) Werkzeug Cucumber automatisiert. Allerdings schlagen die bereits automatisierten Tests fehl, wenn veraltete Testdaten verwendet werden. In dem entwickelten Konfigurator werden sehr häufig neue Fahrzeugkonfigurationen hinzugefügt und veraltete Fahrzeuge entfernt. Diese veralteten Konfigurationen von Fahrzeugen müssen sehr zeitaufwändig manuell entfernt und mit neuen, gültigen Fahrzeugkonfigurationen ersetzt werden.

Zu Beginn dieser Arbeit wird beschrieben, welche Vorteile Testautomatisierung von Softwaretests gerade in Agilen Projekten mit sich bringt. Danach werden in Kapitel 3.1.1 die verschiedenen Testebenen, in die Softwaretests unterschieden werden können, vorgestellt. Da in dieser Arbeit Akzeptanztests im Mittelpunkt der Testautomatisierung stehen, werden diese noch einmal gesondert näher

1

vorgestellt. In Kapitel 3.1.3 wird aufgezeigt, was es bei der Testautomatisierung in agilen Projekten zu beachten gilt. Dabei wird auch der Bezug zur Problemstellung dieser Arbeit deutlich. Anschließend werden die beiden Ansätze Test Driven Development und Behaviour Driven Development und deren Unterschiede vorgestellt. In Kapitel 4 wird das methodische Vorgehen dieser Arbeit beschrieben. Danach wird eine Übersicht über die gängigsten Tools, die den Ansatz BDD verfolgen, gegeben. Dazu werden die Frameworks sowie die Stärken und Schwächen in einseitigen Factsheets beschrieben. Zwei Factsheets sind in Kapitel 5.1 abgebildet. Weiter Factsheets von BDD-Frameworks sind im Anhang abgebildet. Anhand dieser Factsheets werden die Frameworks für den Vergleich ausgesucht. In Kapitel 5.2 wird ein Testszenario beschrieben. Dieses Testszenario wird mit den zu vergleichenden BDD-Tools implementiert. Im darauffolgenden Abschnitt wird ein Kriterienkatalog beschrieben. Die darin enthaltenen Kriterien sind mithilfe einer Umfrage erarbeitet worden. An der Umfrage haben Entwickler teilgenommen die bereits Erfahrung mit BDD-Tools haben. Daneben sind dem Kriterienkatalog weitere Kriterien hinzugefügt worden, die durch die Literaturrecherche ebenfalls als wichtig erachtet werden. In Kapitel 5.4 und Kapitel 5.5 sind die Ergebnisse der Implementierung des Cucumber und des Spock Frameworks abgebildet. Anhand der Ergebnisse aus der Implementierung und den festgelegten Kriterien entsteht ein Vergleich der Frameworks, der in Kapitel 5.6 aufgeführt wird. Der Vergleich der Frameworks wird mithilfe einer Nutzwertanalyse durchgeführt. Zum Abschluss dieser Arbeit wird noch ein Fazit in Kapitel 6 gegeben. Dieses beinhaltet zu Beginn eine Zusammenfassung der Hauptereignisse mit anschließendem Aufzeigen der Einschränkungen und der nächsten Schritte dieser Arbeit. Was es bei einem erneuten Vergleich von verschiedenen Frameworks zu beachten gibt, wird in Kapitel 6.4 gezeigt. Die beiden letzten Punkte dieser Arbeit erläutern anschließend, welchen Beitrag diese Arbeit zur Praxis und Forschung liefert.

2 Problemstellung und Forschungsfrage

Es gibt mittlerweile viele Tools, die nach den BDD Prinzipien die Testautomatisierung ermöglichen. Aber nicht jedes dieser Werkzeuge eignet sich für die Anforderungen in einem Projekt. In dem aktuellen Projekt soll eine Software mit Akzeptanztests nach den BDD Prinzipien getestet werden. Dabei tritt das Problem auf, dass immer wieder bereits automatisierte Tests aufgrund veralteter Testdaten fehlschlagen. Auch werden einige Tests noch manuell ausgeführt und auf Richtigkeit überprüft. Die Wahl des richtigen Frameworks für die Bedürfnisse eines Projektes ist nicht immer leicht zu treffen. Diese Arbeit beschäftigt sich mit der Forschungsfrage: „Welches Behaviour Driven Development Framework eignet sich zur Automatisierung von Akzeptanztests am besten?". Zur Beantwortung der Forschungsfrage werden noch die Fragen, „Welche Probleme gibt es bei dem Einsatz von BDD-Tools in agilen Softwareprojekten?" und „Welche Kriterien sind bei der Auswahl eines Testframeworks wichtig?" aufgegriffen und bearbeitet.

3 State of the Art von Softwaretesting

3.1 Testautomatisierung

Das manuelle Testen von Software kostet viel Zeit und nicht zuletzt Geld. Ohne das Testen von Software ist es nur schwer möglich, Software mit guter bis sehr guter Qualität auszuliefern. Zudem muss theoretisch bei jeder Änderung an der Software die Funktionalität erneut manuell getestet werden. Nur so lässt sich die Qualität sicherstellen. Um das zu vereinfachen bzw. zu verhindern können wiederholt auftretende Testfälle automatisiert werden (Witte, 2016). Witte hat in seinem Buch „Testmanagement und Softwaretest" die Unterschiede zwischen manueller und automatisierter Ausführung von Softwaretests, wie in Tabelle 1 dargestellt, beschrieben. Besonders bei Softwareprojekten mit vielen Releases, bei denen immer wieder die Basisfunktionalitäten getestet werden, lohnen sich die Maßnahmen der Testautomatisierung (Witte, 2016).

Kriterium	Manuelle Testdurchführung	Automatisierte Testdurchführung
Testdurchführung	Langsam und kostenintensiv	Schnell und billig
Aufwand bei Re-Test für Fehlerbehebungen	Hoch	Niedrig
Möglichkeit, Testergebnisse während der Durchführung zu interpretieren	Ja	Nein
Exakt reproduzierbar	Ja	Nein
Flexibilität der Tester	Abnehmend	Konstant
Motivation der Tester	Abnehmend	Konstant
Anwendbarkeit für Scrum	Nein	Ja
Definition der Testfälle	Beschreibung	Beschreibung und Skripterstellung
Zeit für Testvorbereitung	Niedrig	Hoch

Tabelle 1: Vergleich manueller und automatisierter Testdurchführung (Witte, 2016)

Die Entwicklung einer Software ist in verschiedene Abschnitte, sogenannte Releases unterteilt (Henning & Bleek, 2011). Bei jedem Release werden dem Softwareprodukt neue Funktionen hinzugefügt (Henning & Bleek, 2011). Viele Releases sind vor allem in agilen Entwicklungsmethoden wie Scrum oder Kanban wiederzufinden. Wie Frank Witte (2016) feststellt, ist die manuelle Testdurchführung in agilen Projekten wie Scrum oder Kanban nicht möglich. Zu groß ist der Testaufwand, der in jeder Iteration wiederholt werden muss. Nur durch die Automatisierung von Tests mithilfe von unterschiedlichsten Werkzeugen ist die konsequente Entwicklung mit agilen Vorgehensmethoden erst möglich geworden (Baumgartner, 2018). Das Automatisieren von Tests bringt aber auch neue Aufgaben mit sich. Neben dem Schreiben des Testskripts müssen die einzelnen Testruns auch richtig konfiguriert und die Testergebnisse nachträglich dokumentiert, abgelegt und richtig interpretiert werden (Witte, 2016). Der Automatisierungsaufwand von Test hängt mit der Art des zu automatisierenden Tests zusammen. Mike Cohn (2010) beschrieb mit dem Konzept der Testpyramide die ungefähre Verteilung der Arten von Tests in einem Softwareprojekt. In Abbildung 1 ist die Testpyramide dargestellt. Demnach sollen mehr einfach zu automatisierende Unit Tests erstellt werden und mit zunehmender Komplexität der Tests dann auch immer weniger Testfälle geschrieben werden (Cohn, 2010). Tests die beispielsweise das komplette System über Eingaben im User Interface testen, sind sehr komplex und aufwändig zu automatisieren. Im Folgenden Abschnitt werden die einzelnen Testebenen beschrieben, anhand der Tests unterschieden werden können.

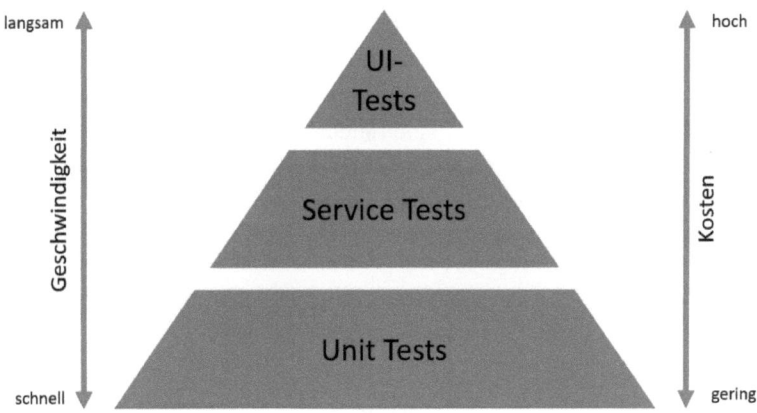

Abbildung 1: Testpyramide nach Mike Cohn (Cohn, 2010)

3.1.1 Testebenen

Softwaretest können in unterschiedliche Ebenen oder auch Stufen unterteilt werden. Es gibt durchaus unterschiedliche Bezeichnungen für die einzelnen Ebenen. Je nachdem welchen Umfang des Systems der Test abdeckt, kann dieser in die Ebene des Komponententests, Integrationstests oder Systemtests eingeteilt werden (Middeke, 2007). In Abbildung 2 sind die Testebenen von Softwaretests dargestellt. Darauf ist zu erkennen, dass sich die gerade vorgestellten Arten von Tests nach dem Umfang der abgedeckten Funktionalität unterscheiden. Wie schon der Name verrät werden bei Komponententests einzelne Komponenten des Systems getestet (Middeke, 2007). In der Objektorientierung ist eine einzelne Komponente einfach gesagt eine Klasse oder auch eine Funktion einer Klasse. Integrationstest sind auf das Zusammenspiel mehrerer Klassen untereinander fokussiert (Middeke, 2007). Auch bei einem Systemtest wird das Zusammenspiel mehrerer Klassen bzw. die Funktionsweise des ganzen Systems betrachtet. Der wesentliche Unterschied zu einem Integrationstest besteht allerdings in der Sichtweise des Tests (Middeke, 2007). Der Tester prüft hier aus Sicht des Anwenders, ob dessen Erwartungen erfüllt werden. Zusätzlich zu diesen drei Testebenen gibt es noch zwei besondere Testarten, die auf allen Testebenen durchgeführt werden können. Bei Änderungen an einzelnen Komponenten sind Regressionstests notwendig. Diese sollen nachweisen, dass durch die Änderungen keine neuen Fehler an bereits getesteten Funktionen der Software entstanden sind (Middeke, 2007). In agilen Vorgehensmodellen muss die in vorangegangenen Iterationen geschaffenen Funktionen nach jeder Iteration mit umfangreichen Regressionstests erneut getestet werden (Baumgartner, 2018).

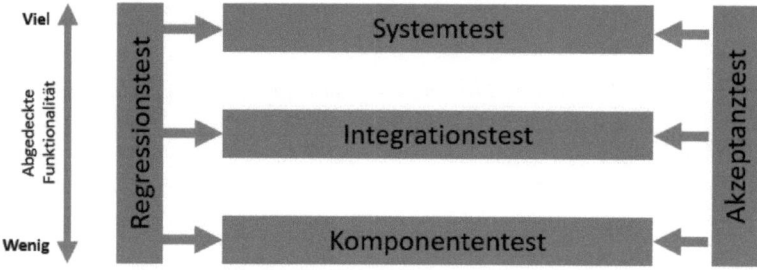

Abbildung 2: Testebenen von Softwaretests

Iterationen sind kurze immer wiederkehrende Zeiteinheiten innerhalb deren eine detaillierte Planung der nächsten Arbeitsschritte erfolgt (Henning & Bleek, 2011). Die zweite Art von Test, die auf allen drei Testebenen durchgeführt wird, ist der Akzeptanztest. Dieser wird auch als Abnahmetest, Verfahrenstest oder auch User Acceptance Test bezeichnet (Witte, 2016). In Abbildung 2 ist ebenfalls zu erkennen, dass die beiden besonderen Testarten auf allen Ebenen von Tests erstellt werden können. Da in der bereits beschriebenen Problemstellung in Kapitel 2 die Akzeptanztests betroffen sind, werden diese in dem folgenden Kapitel genauer beleuchtet.

3.1.2 Akzeptanztests

Wie bereits in Kapitel 3.1.1 beschrieben, kann ein Akzeptanztest auf allen drei Testebenen ausgeführt werden. Der Akzeptanztest dient nicht mehr dazu Fehler der Software aufzudecken. Er soll zeigen, dass die Software die vereinbarten Funktionen aus Sicht des Kunden erfüllt (Witte, 2016). In agilen Vorgehensmodellen, wie beispielsweise Scrum, ist es nicht unüblich, dass Akzeptanztests in Iterationen mit aufgenommen werden. Akzeptanztests werden am besten direkt vom Kunden selbst formuliert. Diese kennen die geforderten Anforderungen und haben nicht den rein technischen Blick auf die Software wie die Entwickler der Software. Ein häufiges Problem das dabei auftritt, sind die fehlenden Programmierkenntnisse des Kunden bzw. der Fachabteilung (Middeke, 2007). Der Ansatz des Behaviour Driven Development, wie er in Kapitel 3.3 vorgestellt wird, schafft dafür Abhilfe. Dabei werden Tests in natürlicher Sprache formuliert. So kann der Fachexperte auch ohne Programmierkenntnisse die Tests für die gewünschten Anforderungen der Software selbst schreiben. Die in Kapitel 5.1 vorgestellten Frameworks setzen den Ansatz des Behaviour Driven Development um und machen die in natürlicher Sprache formulierten Test ausführbar. So kann der Test direkt vom Fachexperten, der die entsprechende Anforderung an die Software hat, geschrieben werden. Der Umfang der durchzuführenden Akzeptanztests hängt von der Art der Software ab. Bei der Entwicklung von Individualsoftware für den Kunden sind mehr Akzeptanztests notwendig wie bei der Einführung von Standardsoftware (Spillner, 2012).

3.1.3 Zu beachtenden Themen bei der Testautomatisierung

Um langfristig mit der Testautomatisierung in agilen Projekten Erfolg zu haben, gibt es einige Dinge zu beachten. Manfred Baumgartner beschreibt in seinem Buch „Agile Testing" sieben schlechte Ideen für die Testautomatisierung. Häufig werden aus Kostengründen Testwerkzeuge unternehmensweit eingeführt und eingesetzt (Baumgartner, 2018). Da aber die einzelnen Projekte unterschiedliche Anforderungen an das Testwerkzeug haben, kann sich schnell herausstellen, dass das Werkzeug an sich eine gute Lösung ist, aber nicht das eigentliche Problem in einem Projekt ansteuert (Baumgartner, 2018). Die Auswahl des Testwerkzeuges sollte daher nach den eigenen Anforderungen im Projekt ausgewählt werden. Keinesfalls soll ein Testwerkzeug nur verwendet werden, weil es in vielen Projekten verwendet wird (Baumgartner, 2018). Daneben sollten in agilen Projekten keinesfalls Testdaten in den Tests selbst stehen (Baumgartner, 2018). Wie in der Problemstellung dieser Arbeit beschriben ist es ein enormer Aufwand, wenn Tests wegen veralteter Daten angepasst werden müssen. Diesen Aufwand gilt es so gut wie möglich zu vermeiden. Um das zu erreichen sollten die Testdaten zentral in Testdatentabellen oder anderen alternativen Dateien verwaltet werden (Baumgartner, 2018). So müssen Änderungen nur einmal und nicht an jedem Test einzeln vorgenommen werden. Weitere Fehler die es bei der Testautomatisierung zu beachten gibt, werden in dem Buch „Agile Testing" von Manfred Baumgartner beschrieben. Dort werden auch Empfehlungen für die jeweiligen Probleme, die dadurch entstehen, gegeben.

3.2 Test Driven Development (TDD)

Test Driven Development (TDD) ist eine Methode der Softwareentwicklung, bei der zuerst der Test geschrieben wird, bevor der eigentliche Code der getestet werden soll geschrieben wird (Chelimsky, 2010). Der Prozess des Test-Driven Development besteht vereinfacht aus folgenden drei Schritten (Osherove, 2015):

1. Schreibe einen Test der fehlschlägt.
2. Füge dem Programmcode die fehlende Funktionalität hinzu.
3. Refactoring des implementierten Codes.

Diese drei Schritte laufen dann wie folgt ab. Zuerst wir der Test geschrieben.

State of the Art von Softwaretesting

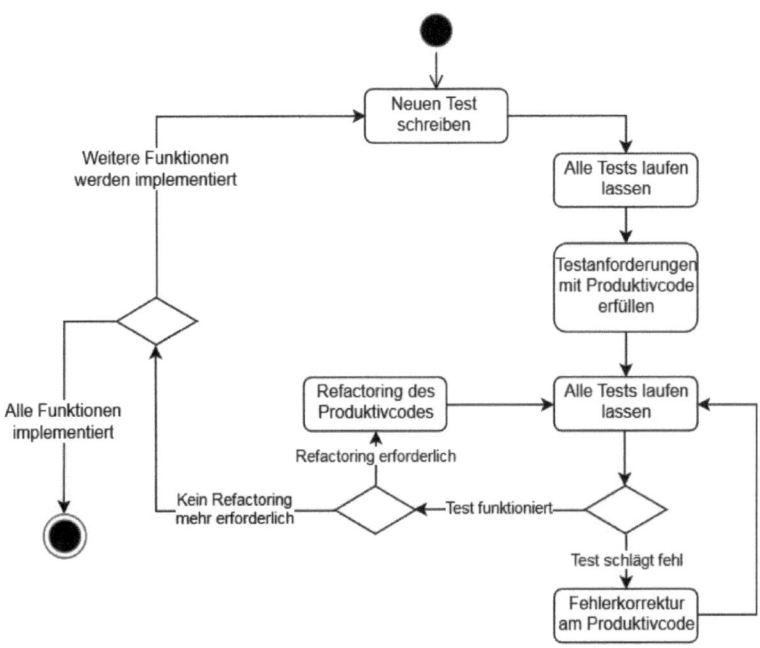

Abbildung 3: Test Driven Development (TDD) - Ablauf der einzelnen Schritte dargestellt in einem Aktivitätsdiagramm

Dieser Test wird dann ausgeführt und schlägt fehl, da der zu testende Code noch nicht existiert. Im nächsten Schritt wird der fehlende Code zu dem Test implementiert. Dies wird solange wiederholt, bis der Test funktioniert. Nach erfolgreicher Durchführung des Tests wird der Code Refactored. Das bedeutet, dass der Code zwar verändert wird, die Funktionalität jedoch bleibt gleich (Osherove, 2015). In diesem Fall soll sämtlicher überflüssiger Code und Duplikationen im Test und im Code selbst entfernt werden. Funktioniert der Test und ist kein Refactoring mehr notwendig, so kann ein neuer Test geschrieben werden. Dieser Vorgang wird solange wiederholt bis alle Funktionen implementiert sind. Ziel des Test Driven Developments ist es sauberen und funktionierenden Code zu schreiben (Beck, 2003). Roy Osherove beschreibt in seinem Buch „The Art of Unit Testing" mehrere Vorteile des Test Driven Development. So hat die Software beispielsweise eine höhere Code-Qualität und weniger Bugs im Code (Osherove, 2015). Auch das Vertrauen der Entwickler in den Code ist größer und dadurch, dass die Tests zuerst geschrieben werden, hat sich das Code-Design verbessert (Osherove, 2015). Um mehr über Test-Driven Development und dessen Anwendung zu erfahren ist das Buch „Test-driven

Development: by example" von Kent Beck zu empfehlen. In wird der Prozess des Test Driven Developments mit den notwendigen Zwischenschritten noch einmal bildlich dargestellt.

3.3 Behaviour Driven Development (BDD)

Behaviour Driven Development wurde zuerst im Jahr 2003 von Dan North als Antwort auf häufig auftretende Probleme und Fragen mit dem Ansatz des Test Driven Development vorgestellt (North, 2006). Der Ansatz des TDD wurde bereits in Kapitel 3.2 vorgestellt. Dan North entwickelte das BDD Framework JBehave (North, 2006). Dieses Framework testet das Verhalten der Software (North, 2006). David Chelimsky (2010) beschrieb das Problem des Test Driven Development in seinem Buch The RSpec Book wie folgt:

> „The problem with testing an object's internal structure is that we're testing what an object is instead of what it does. What an object does is significantly more important."

Stakeholder haben kein primäres Interesse daran, wie etwas umgesetzt wird sondern nur, dass es richtig umgesetzt wird (Chelimsky, 2010). Behaviour Driven Development fokussiert das Verhalten der Software und nicht die interne Struktur der Software (Chelimsky, 2010). Bei Entwicklern die Test Driven Development anwenden, kommen häufig die Fragen auf, wo mit der Entwicklung gestartet werden soll und wie die Tests benannt werden sollen (North, 2006). Oft fehlt auch das klare Verständnis der Entwickler warum ein Test fehlschlägt (North, 2006). Diese auftretenden Fragen sollen mit dem Ansatz des Behaviour Driven Development beantwortet werden. Demnach soll mit dem Feature gestartet werden, das den größten Geschäftswert für die Software liefert (North, 2006). Die Priorisierung der Features verhindert, dass unnötige Zusatzfunktionen vor wichtigen Funktionen, die etwas zu dem Geschäftswert der Software beitragen, implementiert werden. Auch die Namengebung ist beim BDD anders als beim TDD. Die Namen der Tests sollen ganze Sätze bilden um die Lesbarkeit der Tests zu verbessern (North, 2006). Dabei wird das Wort „test" zu Beginn der Methode entfernt und die darauffolgenden Wörter im Camel-Case in ganze Sätze formatiert (North, 2006). Diese klare Benennung der Testfälle hilft bei dem Verständnis, warum bestimmte Tests fehlschlagen. Durch die ganzen Sätze sagen die Testnamen eindeutig aus, welches Verhalten der Software getestet wird und somit auch fehlschlägt oder funktioniert.

Grund warum ein Test fehlschlägt	Lösung
Ein Bug im eigenen Code.	Den Bug im Code beheben.
Verhalten ist noch relevant, nur an anderer Stelle im Code	Den Test löschen und das Verhalten an anderer Stelle testen.
Verhalten ist nicht mehr richtig.	Den Test löschen.

Tabelle 2: Drei Gründe warum Tests fehlschlagen nach Dan North

Nach Dan North (2006) gibt es drei verschiedene Möglichkeiten warum Tests fehlschlagen und dazu Lösungen, was bei jeder Möglichkeit zu tun ist. Diese drei Möglichkeiten werden in Tabelle 2 dargestellt. Zusätzlich nutzt BDD zur Formulierung von Tests eine natürliche Sprache. Durch die Verwendung von natürlicher Sprache, die auch der Geschäftsbereich versteht ist der formulierte Test auch für außenstehende und nicht nur für die Entwickler verständlich (North, 2006). Diese Art der Sprache nennt sich Domain Specific Language (Abhishek, 2017). Die Zusammenarbeit und Kommunikation zwischen den technischen und nicht technischen Teilnehmern am Projekt wird so einfacher (North, 2006). Dabei werden die Akzeptanzkriterien von User Stories verwendet und ausführbar gemacht. Die Akzeptanzkriterien beschreiben das geforderte Verhalten der Software. Das hat den Vorteil, dass Änderungen der Akzeptanzkriterien in der User Story auch automatisch die automatisierten Tests ändern (Baumgartner, 2018). Das Verhalten der Software wird in sogenannten Szenarien beschrieben. Szenarien sind beispielsweise mit den Wörtern Given, When und Then aufgebaut und werden von jedem Projektteilnehmer gleichermaßen verstanden (Chelimsky, 2010). In Abbildung 4 ist die Bedeutung der einzelnen Wörter dargestellt. Wie später in Kapitel 5.4 zu sehen sein wird, nutzt Cucumber diese Art des Aufbaus von Testszenarien.

Das Wort „Given" ist der Vorbereitungsschritt, mit dem das System in den gewünschten Zustand gebracht wird um getestet werden zu können. In einem einfachen Beispiel, in dem der Inhalt von Strings überprüft werden soll, wird hier der String initialisiert. Mit dem Wort „When" wird die Benutzerinteraktion der zu testenden Funktionalität ausgeführt. Es muss hier aber nicht zwingen eine Benutzerinteraktion sein. Sehr einfach gedacht und an das Beispiel von gerade angelehnt, wird hier die Methode aufgerufen, die den String beispielsweise in Großbuchstaben umwandelt. Mit dem Wort „Then" wird dann das erwartete Ergebnis mit dem tatsächlichen Ergebnis verglichen.

Given:	Vorbereitungsschritt, mit dessen Hilfe das System in einen definierten Zustand versetzt wird.
When:	Benutzerinteraktion, um die zu testende Funktionalität auszuführen
Then:	Beobachtung / Evaluation des Ergebnisses
But / And:	Erhalten die Art des vorherigen Testschrittes, dient der Lesbarkeit des Skripts

Abbildung 4: Aufbau eines Szenarios mit den Wörtern Given, When und Then.

3.4 Unterschied zwischen TDD und BDD

Wie bereits in Kapitel 3.3 beschrieben, wurde Behaviour Driven Development als Antwort von Dan North auf die Probleme, die Tester mit dem Ansatz Test Driven Development haben, entwickelt. BDD Tests werden in einem anderen Detail geschrieben als Test im TDD (Abhishek, 2017). Der Ansatz des Test Driven Development, wie er in Kapitel 3.2 vorgestellt wurde, zielt darauf ab einzelne Funktionen aus technischer Sicht zu testen. Die Tests zielen in viel größerem Detail darauf ab, wie die technische Umsetzung der Software aussieht. Der eigentliche Geschäftswert den der Teil der Software liefert, wird aus dem Test nicht ersichtlich. Für Außenstehende ist es daher schwer erkennbar, was da gerade getestet wird. Beim Ansatz des Behaviour Driven Development hingegen wird das Verhalten der Software getestet. Dieses Verhalten wird von den Geschäftsanforderungen abgeleitet (Abhishek, 2017). Die Tests beschreiben im Gegenteil zum TDD nicht wie etwas technisch umgesetzt wird, sondern nur das die Funktionalität vorhanden ist. Durch die Formulierung der Tests in der sogenannten Domain Specific Language (DSL) ist der Test auch für außenstehende aus dem Geschäftsbereich verständlich (Abhishek, 2017). In Tabelle 3 sind die soeben beschriebenen Unterschiede tabellarisch dargestellt.

Kriterium	TDD	BDD
Technischer Detaillierungsgrad der Tests	Hoch	Niedrig
Getesteter Geschäftswert erkennbar	Nein	Ja
Tests für außenstehende verständlich	Nein	Ja

Tabelle 3: Unterschiede zwischen TDD und BDD

3.5 Aktuelle Forschungsarbeiten zu dem Thema

Es gibt mehrere Forschungsarbeiten zu der Thematik Behaviour Driven Development. In der Arbeit von Binamungu, Embury und Konstantinou (2018b) wurden die Chancen und Herausforderungen von BDD herausgearbeitet. Zudem konnte festgestellt werden, dass auch in Zukunft BDD eine große Rolle spielen wird. In der Arbeit wird zudem auch herausgefunden, welche Frameworks aktuell am meisten verwendet werden (Binamungu, et al., 2018b). Als Vorteile beim Einsatz von BDD konnte die Verständlichkeit der Spezifikationen von Endnutzern und die dadurch resultierende bessere Kommunikation unter den Projektteilnehmern herausgefunden werden (Binamungu, et al., 2018b). Die Herausforderungen von BDD liegen vor allem in der Veränderung des Ansatzes der Softwareentwicklung und darin, dass die Vorteile von BDD hart zu quantifizieren sind (Binamungu, et al., 2018b).

Zwei Arbeiten befassen sich mit dem Vergleich von BDD-Toolkits. Die Arbeit von Solís und Wang (2011) liefert ein grundsätzliches Verständnis über BDD und zeigt dessen Charakteristiken auf. Anschließend wird gezeigt welche BDD-Toolkits diese Charakteristiken aufgreifen (Solís & Wang, 2011). Okolnychyi und Fögen (2016) befassen sich in ihrer Arbeit „A Study of Tools for Behavior-Driven Development" ebenfalls mit mehreren BDD-Tools für die Java Welt. Diese werden anhand der unterstützen Features miteinander verglichen. Die Arbeit kam zu dem Ergebnis, dass Spock und easyb eher für das Testen auf Unit-Level und JBehave, Concordion und Cucumber für Integrations- und Akzeptanztests ausgelegt sind (Okolnychyi & Fögen, 2016).

Rai (2016) befasst sich mit der Durchführbarkeit des Akzeptanztestens nach den BDD-Prinzipien und der Verständlichkeit und Erlernbarkeit der Sprache Gherkin. Die Forschungsarbeit zeigt, dass es für Personen mit wenigen bis mittleren Programmierkenntnissen einfach ist, die Anforderungen des Kunden in ausführbare Spezifikationen nach den BDD-Prinzipien zu übersetzen (Rai, 2016). Zudem zeigt die Arbeit, dass die Mehrheit der Personen, die beruflich keine Programmierer sind, die Sprache Gherkin gut erlernbar und gut verständlich finden (Rai, 2016).

Die Arbeiten von Rahman und Goa (2015) und Shafiee, et al. (2018) befassen sich mit dem Einsatz von BDD in Projekten mit bestimmten Problemstellungen. Rahman und Gao (2015) greifen das Problem auf, dass der Einsatz eines BDD-Testframeworks in einer Microservice-Architektur mit sich bringt. Das Ergebnis der Arbeit ist ein wiederverwendbarer Prototyp zur Automatisierung von Akzeptanztests in einer Microservice-Architektur (Rahman & Gao, 2015). Die Forschungsarbeit

„Behaviour-Driven Development in Product Configuration Systems" versucht einen Ansatz zu entwickeln, in dem BDD in den Entwicklungsprozess von Produktkonfigurierungssystemen unter Verwendung von Scrum-Methoden mit einbezogen wird (Shafiee, et al., 2018).

In der Forschungsarbeit „Detecting Duplicate Examples in Behaviour Driven Development Specifications" wir ein neuer Ansatz entwickelt, der Duplikationen in BDD-Spezifikationen erkennen soll (Binamungu, et al., 2018a). Die Arbeit zeigt, dass bestehende Tools noch Schwierigkeiten haben, Duplikationen zu erkennen (Binamungu, et al., 2018a). Mit dem neu entwickelten Ansatz werden die Duplikationen in den Spezifikationen wesentlich besser erkannt (Binamungu, et al., 2018a).

Im Anhang sind die erwähnten Forschungsarbeiten noch einmal in Tabelle 9 alphabetisch nach Autoren und den eingeteilten Kategorien aufgelistet und beschreiben. Alle vorgestellten Arbeiten beziehen sich auf den Ansatz des Behaviour Driven Developments. Teilweise werden auch schon Tools für die Testautomatisierung miteinander verglichen. Allerdings werden diese Testwerkzeuge nicht anhand der Implementierung eines konkreten Testszenarios verglichen. Die Arbeit von Okolnychyi und Fögen (2016) vergleicht die Testwerkzeuge anhand der allgemeinen Charakteristiken von Behaviour Driven Development. Solís und Wang (2011) gibt einen Überblick welche BDD-Toolkits Behaviour Driven Development am besten umsetzen. Diese Arbeit ergänzt diese beiden Arbeiten in dem BDD-Tools anhand von konkreten Problemstellungen, die in Projekten auftreten, verglichen werden.

All diese Forschungsarbeiten stehen im Zusammenhang mit dieser Arbeit. Einige der Arbeiten haben ebenfalls schon BDD-Tools miteinander verglichen. Andere versuchen die aktuellen Schwierigkeiten von BDD herauszufinden oder entwickeln dafür Lösungen. Diese Arbeit stellt gewissermaßen eine Ergänzung dar. Wie in der Problemstellung in Kapitel 2 beschrieben, werden Frameworks anhand eines implementierten Testszenarios miteinander verglichen.

4 Methodisches Vorgehen

In dieser Arbeit werden zwei Behaviour Driven Development Frameworks miteinander verglichen. Das methodische Vorgehen dazu ist in Abbildung 5 dargestellt. Der zentrale Punkt für den Vergleich ist ein aufgestelltes Testszenario. Das Testszenario ist die Grundlage des durchgeführten Experiments. In dem Szenario soll ein Konfigurator von Fahrzeugen getestet werden. Der Konfigurator stellt zwei REST Schnittstellen bereit, deren Funktionalität in dem Testszenario getestet werden soll. Eine Schnittstelle liefert bei einer GET-Anfrage den Preis eines konfigurierten Fahrzeuges zurück. Eine sogenannte GET-Methode liefert beim Aufruf einer bestimmten URL Informationen (Fielding, et al., 1999). Die andere Schnittstelle der Konfigurator-Software liefert ebenfalls bei einer GET-Anfrage den Bereich der ausgestoßenen Emissionen wieder. Bei den durchgeführten Tests des Testszenarios soll sichergestellt werden, dass die Applikation nur Werte zu gültigen Konfigurationen zurückliefert. Das Testszenario wird in Kapitel 5.2 genauer beleuchtet. Da für ein Behaviour Driven Development Framework die Akzeptanzkriterien die Grundlage des gewünschten Verhaltens der Software bilden, werden zwei entsprechende User Stories mit Akzeptanzkriterien verfasst. Diese sind die Ausgangslage anhand der die Frameworks Tests automatisieren sollen. Die gesamte Implementierung der einzelnen Frameworks ist die Grundlage für die Bewertung und den Vergleich.

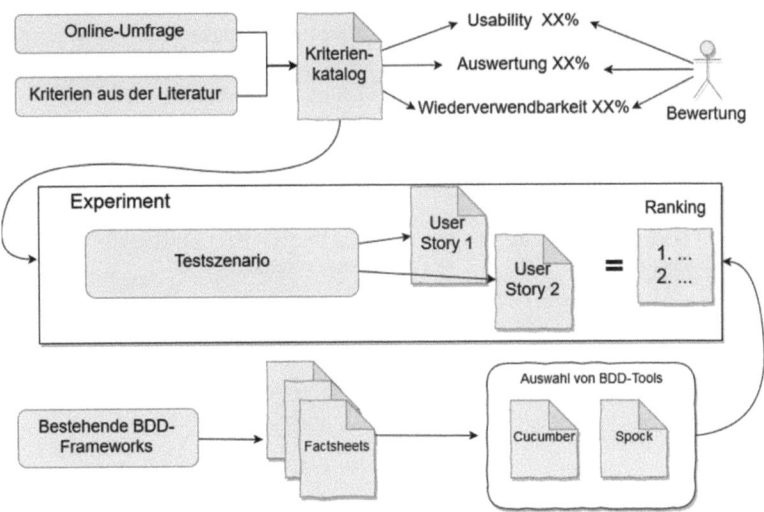

Abbildung 5: Darstellung des methodischen Vorgehens

Methodisches Vorgehen

In dem durchgeführten Experiment werden zwei Frameworks miteinander verglichen. Mit beiden Frameworks wird das aufgestellte Testszenario, wie es soeben kurz beschrieben wurde, implementiert. Die zwei Frameworks für den Vergleich werden aus neun Frameworks ausgewählt. Dazu wird jedes Framework in einem einseitigen Factsheet beschrieben. Das Factsheet gibt einen kurzen Überblick über beispielsweise das Einsatzgebiet, die Kosten und die Dokumentationsmöglichkeiten eines Frameworks. Der Aufbau dieser Factsheets ist für jedes vorgestellte Framework identisch. Anhand dieser Factsheets werden zwei Frameworks für den Vergleich ausgewählt.

Für den Vergleich der Frameworks anhand des Testszenarios wird ein Kriterienkatalog aufgestellt. Dieser Kriterienkatalog wird in drei Kategorien unterteilt. Die „Usability des Frameworks", die „Auswertung der Ergebnisse" und die „Wiederverwendbarkeit des Frameworks in weiteren Projekten". Anschließend wird jede der drei Kategorien gewichtet. Dazu wird eine Person Befragt, die schon viele Jahre Erfahrung im Projektmanagement und in Testen von Software hat. Die Kriterien innerhalb jeder Gruppe sind gleichgewichtet. In einer Umfrage werden Kriterien anhand von Problemstellungen, die beim Testen mit BDD-Tools auftreten, herausgearbeitet. Diese Kriterien werden in einem Kriterienkatalog festgehalten. In der Umfrage werden Personen befragt, die bereits Erfahrung mit dem Umgang von Behaviour Driven Development Frameworks haben.

Berufliche Stellung	Berufliche Tätigkeit	Anzahl Personen
Entwickler (Kunde)	Testfallerstellung mit dem BDD-Framework Cucumber	2
Entwickler (IT-Dienstleister)	Überwachung und Steuerung der Testausführung	2
Werkstudent (Wirtschaftsinformatik Bachelor)	Entwickeln einer Applikation, die das Schreiben von Tests für das BDD-Framework Cucumber vereinfachen soll.	3
	Summe	7

Tabelle 4: Übersicht der befragten Personen zur Aufstellung des Kriterienkatalogs

Diese Personen schreiben entweder die Tests für die Automatisierung oder sind mit der Verwaltung und Ausführung der Test vertraut. In Tabelle 4 wird dargestellt welche Personen alles an der Befragung teilgenommen haben. Dazu wird die berufliche Stellung und Tätigkeit zu jeder Person mit angegeben. Die Umfrage wird in Form einer Online-Umfrage durchgeführt. Dazu werden die Teilnehmer per E-Mail eingeladen. In dieser E-Mail wird auch kurz die behandelte Problemstellung dieser Arbeit erläutert. Anschließend haben alle eingeladenen Personen zu dieser Umfrage eine Woche Zeit an der Umfrage teilzunehmen. Zusätzlich zu den herausgearbeiteten Kriterien aus der durchgeführten Umfrage werden dem Kriterienkatalog noch weitere Kriterien hinzugefügt. Dazu wird eine Studie des Fraunhofer Instituts für Experimentelles Software Engineering herangezogen. In dieser Studie werden unter anderem die Performance und Laufzeit der Testfalldurchführung, die Kosten die Einbaubarkeit in andere Projekte als wichtig erachtet (Amiry, et al., 2005). Mit der Einbaubarkeit in andere Projekte ist die Anzahl der unterstützten Programmiersprachen gemeint. Diese drei Kriterien aus der Studie werden dem Kriterienkatalog hinzugefügt.

Die Bewertung der Frameworks zu den aufgestellten Kriterien des Kriterienkataloges erfolgt von unterschiedlichen Personen. Ein Teil der Kriterien wird von dem Autor dieser Arbeit bewertet. Dieser hat auch die Implementierung des Testszenarios mit den beiden für den Vergleich gewählten Frameworks durchgeführt. Bei anderen Kriterien wird die Bewertung von erfahrenen Mitarbeitern aus dem IT-Umfeld als sinnvoller erachtet. Dazu wurden je nach Kriterium unterschiedliche Personen mit unterschiedlichen Stellungen im Unternehmen befragt.

Mit dem aufgestellten Kriterienkatalog, der Gewichtung der Kategorien und der Bewertung der Kriterien der zwei Frameworks wird eine Nutzwertanalyse durchgeführt. Nach Durchführung der Nutzwertanalyse wird ein Ranking der zwei Frameworks aufgestellt. Dieses gibt an, welches Behaviour Driven Development Framework sich am besten für den Einsatz in dem aufgestellten Testszenario eignet.

5 Ergebnis

5.1 Vorstellung und Auswahl der BDD-Frameworks

Die bekanntesten und am meisten verwendeten Frameworks sind laut einer Studie Cucumber, FitNesse, JBhave, Concordion, Spock, easyb und speckflow (Binamungu, et al., 2018b). Daneben werden in dieser Arbeit noch die Frameworks HipTest und TestLeft vorgestellt. Um herauszufinden, welche Frameworks für den Vergleich in dieser Arbeit implementiert und getestet werden sollen, wurden neun Frameworks in einseitigen Factsheets zusammengefasst. Ein Factsheet gibt einen kurzen Einblick in das Einsatzgebiet, die anfallenden Kosten, die unterstützten Programmiersprachen und die bestehenden Integrationen und Plug-Ins des Frameworks. Zudem wird zu jedem vorgestellten Framework ein abschließendes Fazit gegeben. Darin wird aufgeführt, was positiv und negativ an dem Framework aufgefallen ist. Später in diesem Kapitel sind die Factsheets zur Beschreibung der BDD-Frameworks Cucumber und Spock abgebildet. Das Factsheet für Cucumber ist in Abbildung 6 und das Factsheet für Spock in Abbildung 7 dargestellt. Die Informationen auf den Factsheets können auf der jeweiligen Homepage und in der Dokumentation zu den Frameworks entnommen werden. Die Factsheets der anderen Tools sind im Anhang in Abbildung 21 bis Abbildung 27 zu finden. In Tabelle 5 sind die neun BDD-Frameworks, die auch schon in Factsheets beschrieben sind, aufgeführt und kurz beschreiben. Weitere Informationen zu den Tools sind in den Factsheets zu finden. Für den Vergleich wurden die Frameworks Cucumber und Spock ausgewählt. Das Testframework Cucumber wurde gewählt, da dieses Tool bereits in mehreren Projekten zur Testautomatisierung von Akzeptanztests genutzt wird. Durch den Vergleich mit Cucumber soll herausgefunden werden, ob nicht ein anderes Tool die Anforderungen an das Testwerkzeug besser erfüllt. Spock wurde für den Vergleich ausgewählt, da das Framework ebenfalls die Programmiersprache Java und die wichtigsten Integrationen für das aufgestellte Testszenario unterstützt. Zudem nutzt Spock die Sprache Groovy um die Tests zu verfassen. Durch die Nutzung einer anderen Sprache um die Tests zu erstellten wird angenommen, dass sich neue Möglichkeiten ergeben.

BDD-Framework	Kurze Beschreibung
Cucumber	BDD-Tool zur Testautomatisierung. Cucumber macht Spezifikationen der Software gegen den Sourcecode ausführbar. Beschreibt das Verhalten der Software mit der Sprache Gherkin.
Spock	Spock ist ein BDD-Tool für Java-Applikationen und nutzt die Sprache Groovy zur Implementierung der Tests.
Concordion	BDD-Tool das Spezifikationen der Software gegen den Sourcecode ausführbar macht. Bietet eine umfangreiche Dokumentation der Testfallergebnisse. Mit Concordion können Applikationen, die in Java oder C# geschrieben sind, getestet werden. Beschreibt das Verhalten der Software in Klartext.
JBehave	Ein schlankes BDD-Tool zur Testautomatisierung für Java Applikationen. Mit JBehave können Applikationen getestet werden, die mit Java implementiert wurden. Beschreibt das Verhalten der Software in der Sprache Gherkin.
easyb	BDD-Tool für die Testautomatisierung bei Java-Applikationen. Verschiedene Möglichkeiten der Beschreibung der Testszenarien sind möglich. Nutzt zur Beschreibung des Verhaltens die Sprache Groovy.
Speckflow	BDD-Tool zur Testautomatisierung von Akzeptanztests für .Net Projekte. Speckflow wird auch als Cucumber für die .Net Welt bezeichnet. Speckflow beschreibt das Verhalten der Software in der Sprache Groovy
HipTest	Cloud Lösung für die Erstellung und Automatisierung von Akzeptanztests. Applikationen die in Java, Python oder Ruby implementiert sind können getestet werden. Die erstellten Testszenarien können auch in andere Frameworks exportiert werden. Das Verhalten der Software wird in der Sprache Gherkin beschrieben.
TestLeft	Tool zur Ausführung von UI-Funktionstests direkt aus der IDE. TestLeft ist eine Erweiterung für BDD-Werkzeuge, um das User Interface zu testen. Nutzt die Sprache Gherkin zur Beschreibung des Verhaltens der Software.
FitNesse	Ein vielseitig einsetzbarer Wiki Server, z.B. für Web- und GUI-Tests oder zum Testen einzelner Komponenten. Das Verhalten der Software wird in der Sprache Gherkin verfasst. FitNesse unterstützt Applikationen mehrerer Sprachen.

Tabelle 5: Übersicht über bestehende BDD-Frameworks

Ergebnis

Factsheet - Behaviour Driven Development Framework

cucumber

Ziel / Einsatzgebiet

Cucumber ist ein BDD-Werkzeug zur Testautomatisierung des Verhaltens der Software. Es wurde entwickelt, um zu helfen eine Brücke zwischen technischen und nicht-technischen Mitgliedern eines Entwicklungsteams zu bauen. Cucumber ist ein Open Source Tool, dass Spezifikationen der Software gegen den Sourcecode ausführbar macht. Cucumber liest die ausführbaren Spezifikationen in Klartext und validiert diese in das was die Software bei dieser Spezifikation machen soll. Cucumber ist auf die Automatisierung von Akzeptanz- und Integrationstests fokussiert.

Framework: Cucumber
Website: https://cucumber.io/
Entwickler: Aslak Hellesøy, Joseph Wilk, Ben Mabey, Matt Wynne, Mike Sassak, Gregory Hnatiuk
Implementierung: Ruby
Natürliche Sprache: Gherkin
Dokumentation:
- Ausführlicher HTML Report
- XML Report
- JSON Report

Zusätzliche Features:
- Mehrere Plugins für eine ausführliche Dokumentation der Testergebnisse
- Anbindung des Jacoco Plugins für Maven zeigt die Code Coverage

Kosten

Kostenlos

Unterstützte Programmiersprachen

Unterstützt werden von Cucumber mehrere Programmiersprachen. Unter anderem **Java, JavaScript, Ruby** und **C++**.

Integrationen / Plug-Ins

Java-Tools
Cucumber ist unter anderem in die Entwicklungsumgebung **Eclipse** und **IntelliJ** integriert. Cucumber ist auch in die Java-Build Tools **Maven** und **Gradle** integriert.

JavaScript-Tools
Cucumber ist in die beiden meistverwendeten Build Tools **Yarn** und **npm** integriert.

Ruby-Tools
Die Ruby IDE **RubyMine** unterstützt Cucumber. Auch das Build Tool **Rake** unterstützt Cucumber

Übersicht der BDD-Tools im Einsatz:

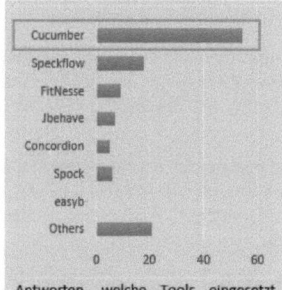

Antworten, welche Tools eingesetzt werden um BDD zu unterstützen. 75 Personen weltweit wurden dazu befragt (Binamungu et al. 2018b).

Fazit

Positiv	Negativ
+ Viele Integrationen in IDE´s und Build Tools.	- Negativ Punkte hier
+ Mehrere Sprachen werden unterstützt.	
+ Große Community	

Binamungu, L. P., Embury, S. M. & Konstantinou, N., (2018b). Maintaining Behaviour Driven Development Specifications: Challenges and Opportunities. *2018 IEEE 25th International Conference on Software Analysis, Evolution and Reengineering (SANER)*, pp. 175-184.

Abbildung 6: Factsheet zum BDD-Framework Cucumber

Ergebnis

Factsheet - Behaviour Driven Development Framework

Spock
the enterprise ready specification framework

Framework: Spock Framework
Website: http://spockframework.org/
Implementierung: Java
Natürliche Sprache: Groovy
Dokumentation:
- Als Dokumentation dienen die Spezifikationen
- Keine besonderen Möglichkeiten eine Dokumentation zu erstellen.

Zusätzliche Features:
- Spock Web Console um mit dem Framework erste Schritte auszuprobieren. (http://meetspock.appspot.com/)
- Testprojekt zum Download verfügbar.
- Zusätzlicher Erweiterungen für das Schreiben von Spezifikationen

Ziel / Einsatzgebiet

Spock ist ein BDD Test Framework für Java Applikationen. Das Spock Framework nutzt zusätzlich zu Java die Sprache Groovy. In Spock können Spezifikationen für das Verhalten von Software in einer natürlichen Sprache verfasst werden. Das Testframework kann von einen GitHub Repository importiert und anschließend eingesetzt werden. Spock ist an die Terminologie von JUnit angelehnt. Erfahrungen mit Unit Tests in JUnit sind also hilfreich aber keinesfalls Voraussetzung. Daneben ist Spock auch noch inspiriert durch jMock, RSpec, Groovy, Scala und Vulcans. Das Framework Spock ist auch in das Spring Framework integriert. Wer hier bereits Erfahrungen hat, kann Spock zur Testautomatisierung recht einfach über Spring einbinden. Spock ist eher für das Testen auf Unit-Level Ebene fokussiert.

Kosten

Kostenlos – Freeware

Unterstützte Programmiersprachen

Unterstützt werden nur Applikationen mit den Programmiersprachen Java.

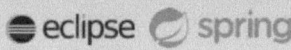

Integrationen

Spock ist in die Entwicklungsumgebung Eclipse und IntelliJ integriert. In der Java Welt ist auch eine Integration in das Spring Framework möglich. Über Annotationen kann hier das Spock Testsing Framework angebunden werden. Weitere Integrationen mit Guice Module, Tapestry Module, Unitils Module und Grails Module sind auch möglich.

Übersicht der BDD-Tools im Einsatz:

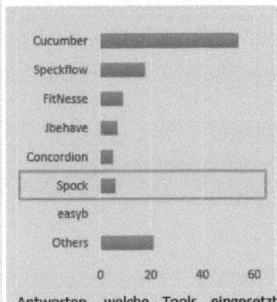

Antworten, welche Tools eingesetzt werden um BDD zu unterstützen. 75 Personen weltweit wurden dazu befragt (Binamungu et al. 2018b).

Fazit

Positiv	Negativ
+ Integrationen in die gängigsten Java IDEs.	- Nur Java Applikationen können getestet werden.
+ Kostenlos	
+ Spock Web Console um einfach Vertrauen in das Framework zu gewinnen.	
+ Testprojekt downloadbar um einfach mit dem Projekt zu starten.	

Binamungu, L. P., Embury, S. M. & Konstantinou, N., (2018b). Maintaining Behaviour Driven Development Specifications: Challenges and Opportunities. 2018 IEEE 25th International Conference on Software Analysis, Evolution and Reengineering (SANER), pp. 175-184.

Abbildung 7: Factsheet zum BDD-Framework Spock

5.2 Testszenario

Um mehrere Frameworks miteinander vergleichen zu können, wird ein Testszenario aufgestellt. In diesem Szenario wird ein Konfigurator für Fahrzeuge getestet. Dieser Konfigurator stellt zwei REST-Schnittstellen bereit. Über diese Schnittstellen können mit einer Anfrage von GET-Methoden Informationen über das konfigurierte Fahrzeug erhalten werden. Eine Schnittstelle liefert für gültige Konfigurationen von Fahrzeugen den Preis des Fahrzeuges zurück. Der Antwort dieser Anfrage enthält den Code *200 – OK* und den Preis des konfigurierten Fahrzeuges. Wird eine Anfrage für eine bereits abgelaufene und nicht mehr gültige Konfiguration eines Fahrzeuges gestellt, so enthält die Antwort den Code *400 – Bad Request* und es wird kein Preis zurückgeliefert. Die zweite Schnittstelle liefert Daten zur Abgasemission des konfigurierten Fahrzeuges wieder. Diese Daten enthalten zwei Werte und geben den Bereich an, in welchem sich die Abgasemissionen des Fahrzeuges in der gewünschten Konfiguration befinden. Auch hier werden nur zu gültigen Konfigurationen von Fahrzeugen Daten zurückgeliefert. Entsprechende Codes werden wie bei der vorherigen Schnittstelle zurückgegeben. Die Funktionalität dieser Applikation wird mit den zu vergleichenden Behaviour Driven Development Frameworks getestet. Dazu werden zwei User Stories zu den oben beschriebenen Schnittstellen und Funktionalitäten formuliert. In diesen wird festgehalten, welche Funktionen es zu testen gilt. In Abbildung 8 ist die User Story mit den Akzeptanzkriterien für die Schnittstelle, die den Preis zurück liefert zu sehen. In Abbildung 9 ist die User Story für die Schnittstelle der Emissionswerte abgebildet.

Preis für das konfigurierte Fahrzeug

Ich als Kund möchte den Preis meines konfigurierten Fahrzeuges wissen, um abschätzen zu können, ob ich mir das Fahrzeug mit der Konfigurierten Ausstattung leisten kann.

Akzeptanzkriterien:
- Die Rest API liefert nur für gültige Konfigurierungen von Fahrzeugen einen Preis für das Fahrzeug.
- Bei gültigen Konfigurationen wird der Response-Code 200 geschickt.
- Bei ungültigen Konfigurationen wird der Response-Code 400 geschickt.

Abbildung 8: User Story für den Preis des konfigurierten Fahrzeuges

Ergebnis

Emissionswerte für das konfigurierte Fahrzeug

Ich als Kund möchte wissen, in welchem Bereich die Abgasemissionen des Fahrzeuges in der aktuellen Konfiguration liegen, um das Fahrzeug mit anderen Fahrzeugen vergleichen zu können.

Akzeptanzkriterien:

- Die Rest API liefert nur für gültige Konfigurierungen von Fahrzeugen den Bereich der möglichen Abgasemissionen für das Fahrzeug.
- Der Bereich der Abgasemissionen besteht aus einem minimalen und einem maximalen Wert.
- Bei gültigen Konfigurationen wird der Response-Code 200 geschickt.
- Bei ungültigen Konfigurationen wird der Response-Code 400 geschickt.

Abbildung 9: User Story für die Abgasemissionen des konfigurierten Fahrzeuges

Für die Implementierung des Rest-Services wurde das Spring-Framework und Eclipse verwendet. Die beiden Rest-Schnittstellen wurden wie soeben beschrieben implementiert. In Abbildung 10 ist die Dokumentation der beiden Schnittstellen zu sehen. Die Dokumentation wurde mit dem Open-Source-Framework Swagger dokumentiert. Hier sind auch die jeweiligen JSON-Daten, die eine Schnittstelle zurückliefert zu sehen, welche in der Abbildung blau markiert sind. In den folgenden beiden Abschnitten werden die einzelnen Schritte und die Ergebnisse der Implementierung des aufgestellten Testszenarios anhand des jeweiligen Testframeworks dargestellt.

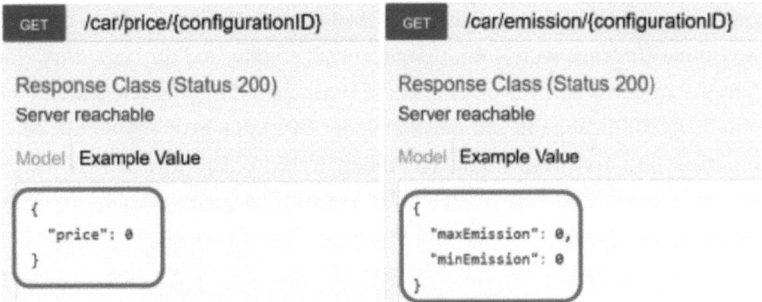

Abbildung 10: Swagger Dokumentation der beiden Rest-Schnittstellen

5.3 Kriterienkatalog

Wie schon bei der Beschreibung der Methode in Kapitel 4 dargestellt, wird ein Kriterienkatalog erstellt, um die Frameworks miteinander vergleichen zu können. Die Kriterien werden anhand von herausgefunden Problemstellungen in einer Umfrage aufgestellt. Der Kriterienkatalog liefert daher eine Antwort auf die in der Problemstellung in Kapitel 2 aufgestellte Frage: „Welche Probleme gibt es bei dem Einsatz von BDD-Tools in agilen Softwareprojekten?". Für den Kriterienkatalog werden neben den aufgestellten Kriterien aus der Umfrage auch weitere Kriterien hinzugefügt, die anhand der Literaturrecherche als wichtig bei der Auswahl eines Frameworks angesehen werden. Die Umfrage wurde in Form einer Online-Umfrage durchgeführt. Insgesamt haben sieben Personen an der Umfrage teilgenommen. Die berufliche Stellung sowie die aktuelle berufliche Tätigkeit der befragten Personen sind in Kapitel 4dargestellt. Alle befragten Personen haben bereits mit einem oder mehreren Behaviour Driven Development Frameworks Erfahrung gesammelt und arbeiten gerade auch in verschiedenen Projekten damit. Befragt wurden zwei Personen die aktuellen Tests, mit dem Behaviour Driven Development Framework Cucumber automatisieren. Daneben wurden noch zwei Personen befragt, die die Ausführung der automatisierten Tests überwachen. Zusätzlich wurden drei Personen befragt, die sich aktuell damit beschäftigen, wie das Schreiben von Tests für ein Behaviour Driven Development Framework vereinfacht werden kann. Wie eingangs dieses Kapitels beschrieben, wurde dazu eine Online-Umfrage durchgeführt. Die Online-Umfrage wurde mit Google Forms erstellt und durchgeführt. Um mehr Befragte zu gewinnen wurde eine kurze Umfrage mit neun offen gestellten Fragen erstellt. Es sollen anhand von Beispielen der Befragten Problempunkte bei der Automatisierung von Tests herausgefunden werden. Aus diesen Problempunkten werden Kriterien für den Vergleich der Testwerkzeuge aufgestellt. Dabei konnten die Befragten unbegrenzt viele Antworten zu einer Frage abgeben. Aber keine der Fragen wurde als Pflichtfrage gekennzeichnet, weshalb bei einigen Fragen auch weniger als sechs Antworten zu finden sind. Die Befragten konnten freie Antworten abgeben. Über die Umfrage wurden die Personen per E-Mail informiert. In der E-Mail wurde auch kurz die Problemstellung, mit der sich die Arbeit befasst und das Ziel beschrieben. Die Teilnehmer hatte eine Woche Zeit an der Umfrage teilzunehmen. Alle Personen, die für die Online-Umfrage ausgewählt wurden, haben daran auch teilgenommen. Die Antworten der durchgeführten Umfrage sind im Anhang in Abbildung 28Abbildung 30, Abbildung 29 und Abbildung 30 zu finden. Die herausgearbeiteten Kriterien aus der Umfrage und der Literaturrecherche wurden verschiedenen Kategorien zugeordnet. Drei Kategorien wurden aufgestellt. Die „Usability des Frameworks", die „Auswertung der Ergebnisse" und die „Wiederverwendbarkeit des Frameworks in weiteren Projekten". Im Folgenden werden die aufgestellten Kriterien aus der Umfrage und aus der Literatur beschrieben und gleichzeitig den drei Kategorien zugeordnet.

5.3.1 Usability des Frameworks

5.3.1.1 Hilfestellungen für den Umgang mit dem Framework

Bereits vorhandene Implementierungen erleichtern den Einstieg in den Umgang mit einem neuen Framework. In der Umfrage wurden dafür Tutorials aber auch eigens erstellte Dokumentationen und Testfallimplementierungen genannt. Die Tutorials können dabei sowohl textuell als auch als Video vorliegen. Dieses Kriterium soll zeigen, wie umfangreich die Hilfestellungen für die Verwendung des jeweiligen Testframeworks sind.

5.3.1.2 Einfaches Setup

Das Framework sollte ohne großen Aufwand zur Testautomatisierung eingesetzt werden können. Die durchgeführte Umfrage hat ergeben, dass ein einfaches Setup bei der Auswahl eines Frameworks auch eine Rolle spielt. Es soll in wenigen Schritten möglich sein mit dem Framework Tests zu automatisieren. Dieses Kriterium soll bewerten, wie aufwändig der initiale Aufwand ist, um das Framework für die Testautomatisierung einzusetzen.

5.3.1.3 Einfaches Erstellen von Testfällen

In der Umfrage wurde deutlich, dass die Erstellung neuer Testfälle mit sehr viel Schreibarbeit verbunden ist. Eine Unterstützung durch das Framework für das Erstellen von Testszenarien ist daher vorteilhaft und spart Zeit. Dieser Punkt soll zeigen, wie einfach es ist, neue Testszenarien zu erstellen und wie groß dabei die Unterstützung des Frameworks ist.

5.3.1.4 Einfaches Anpassen von vorhandenen Tests

Das Anpassen bereits automatisierter Tests sollte einfach und problemlos gehen. Eine automatisierte Möglichkeit die vorhandenen Tests, bei denen die identischen Anpassungen vorzunehmen sind, wäre hier ideal. In der Umfrage hat sich herausgestellt, dass bei einer Änderung eines Parameters einer REST-Schnittstelle alle Tests, die diese Schnittstelle betreffen, angepasst werden müssen. Eine automatisierte Änderung würde hier durchaus Sinn machen. Durch Änderungen am Code kommt es immer wieder vor, dass Tests, die vorher funktionierten, nach der Änderung fehlschlagen. Die Anpassungen der Tests kosten viel Zeit. Das Framework sollte daher eine einfache Anpassung von vorhandenen Tests ermöglichen. Mit dem aufgestellten Kriterium wird beschrieben, wie einfach es ist vorhandene Tests anzupassen.

5.3.1.5 Verwaltung / Pflege von Testdaten

Das Kriterium bewertet, welche Möglichkeiten der Verwaltung und Pflege von Testdaten außerhalb des implementierten Tests das jeweilige Testframework bietet. Ein Framework soll dem Tester bei der Verwaltung und Pflege der Testdaten Unterstützung bieten. In der Umfrage wurde herausgefunden, dass die Pflege und Vorbereitung der Testdaten sehr viel Zeit in Anspruch nehmen. Auch unvollständige Testdaten sorgen immer wieder für Probleme bei der Automatisierung von Tests. Die Testdaten sollten daher vollständig außerhalb der implementierten Tests gepflegt und für den Testdurchlauf vorbereitet werden können.

5.3.2 Auswertung der Ergebnisse

5.3.2.1 Performance und Laufzeit

Die Performance und Laufzeit der Akzeptanztests sollte nicht unterschätzt werden. Gerade wenn eine Vielzahl an Szenarien für die Automatisierung implementiert sind. Eine schnelle Ausführung der Tests ist essenziell, um schnell Feedback über die Qualität der Software zu bekommen. Das Fraunhofer Institut hat ein Beispiel für eine Nutzwertanalyse für die Entscheidungsfindung eines Tools zur Testautomatisierung veröffentlicht (Amiry, et al., 2005). Auch darin wird die Performance der Testdurchführung als Kriterium für die Entscheidung für oder gegen ein Testwerkzeug aufgeführt (Amiry, et al., 2005).

5.3.2.2 Möglichkeiten der Darstellung der Testergebnisse

Die Ergebnisse der ausgeführten Tests müssen einfach und klar dargestellt werden. Der Grund, warum der Test fehlschlägt, soll ebenso ersichtlich sein. Einem Tester ist es wichtig, nicht nur zu wissen, dass ein Test fehlschlägt. Dieser möchte auch den Grund dafür wissen. In der durchgeführten Umfrage wurde klar, dass die Analyse von Fehlern, sowie die Darstellung der Testfallergebnisse verbessert werden soll.

Dem Tester erleichtert eine gute Darstellung der Testergebnisse die Analyse der gefundenen Fehler. Dieses Kriterium geht auf die Fragestellung ein, welche Möglichkeiten der Darstellung der Testergebnisse ein Framework bietet.

5.3.2.3 Anzeige der Code Coverage

Die Code Coverage gibt an, wie viele Teile der implementierten Software mit Tests abgedeckt sind. Durch diese Anzeige kann der Entwickler, der die Tests schreibt, nachvollziehen, welcher Bereich der Applikation bereits mit Tests abgedeckt ist. In der Umfrage hat sich herausgestellt, dass die erreichte Code Coverage für die Projektbeteiligten wichtig ist. Dieses Kriterium beschreibt, welche Möglichkeiten es mit dem bewerteten Framework gibt, die Code Coverage anzuzeigen.

5.3.3 Wiederverwendbarkeit des Frameworks in weiteren Projekten

5.3.3.1 Kompatibilität mit den eingesetzten Frameworks

Das Testframework muss einfach in das bestehende Projekt integrierbar sein. In der Umfrage wurde deutlich, dass das eingesetzte Testtool kompatibel mit den eingesetzten Frameworks im Projekt sein soll. Dazu sollte der Code eines bereits bestehenden Projektes nicht angepasst werden müssen. Auch eine direkte Integration in die genutzte IDE wäre wünschenswert. Je mehr Frameworks als Integrationen für das Testwerkzeug zur Verfügung stehen, desto wahrscheinlicher ist es, dass auch eine einfache Integration in das aktuelle Projekt möglich ist. An dieser Stelle wir daher betrachtet, wie viele Integrationen das Testwerkzeug zur Verfügung stellt, und wie gut das Testwerkzeug in das aufgestellte Testszenario integriert werden kann.

5.3.3.2 Einbaubarkeit in andere Projekte

Auch die Einarbeitung in ein Testwerkzeug ist für die Entwickler nicht immer ganz einfach und mit hohem Aufwand verbunden. Wenn ein bereits bekanntes Testwerkzeug in weiteren Projekten verwendet werden kann, entfällt dieser Aufwand. Aber nicht alle Projekte setzten auf die gleichen Programmiersprachen. Daher ist eine Unterstützung mehrerer Programmiersprachen durch das Testwerkzeug von Vorteil. In diesem Kriterium wird betrachtet, welches Framework am meisten der sechs populärsten Programmiersprachen unterstützt. Dazu wird der PYPL (PopularitY of Programming Language) Index von Google betrachtet. Je häufiger ein Tutorial zu einer Programmiersprache weltweit gesucht wird, desto populärer wird diese in dem Ranking angesehen. Laut diesem Ranking aus dem Mai 2019, sind die

27

Populärsten Programmiersprachen Python, Java, Javascript, C#, PHP und C/C++ (PYPL, 2019). Das Fraunhofer Institut hat ebenfalls mehrere Anforderungen an Testwerkzeuge aufgeführt. In dieser Arbeit wird gezeigt, dass es für Unternehmen von großem Interesse ist, welche Programmiersprachen ein Tool für die Testautomatisierung unterstützt (Amiry, et al., 2005).

5.3.3.3 Kosten für die Nutzung des Frameworks

Ein weiteres Kriterium, das in die Bewertung mit einfließt, sind die Kosten für die Nutzung eines Frameworks. In großen Unternehmen müssen teilweise mehrere 1000 Mitarbeiter ein Framework nutzen. Dabei sind die teilweise auch monatlich oder jährlich anfallenden Lizenzkosten nicht zu unterschätzen. Sehr häufig wird in Softwareentwicklungsprojekten Open-Source Software eingesetzt (Becker-Pechau, et al., 2004). In der Arbeit „Open Source für die Softwareentwicklung" werden die Eigenschaften und Vorteile des Einsatzes von Open-Source-Software aufgezeigt (Becker-Pechau, et al., 2004). Auch das Fraunhofer Institut hat Anforderungen an Tools für die Testautomatisierung aufgeführt. Darin wird dargestellt, dass die Kosten maßgeblich für die Auswahl eines Testwerkzeuges sind (Amiry, et al., 2005). Gerade kleine und mittelständische Unternehmen habe oftmals nur ein kleines Budget für die Anschaffung eines Tools zur Testautomatisierung (Amiry, et al., 2005). In diesem Kriterium werden daher die Kosten für den Einsatz des jeweiligen Testframeworks betrachtet und bewertet.

5.4 Ergebnisse der Implementierung mit Cucumber

Die Beschreibung der Ergebnisse der Implementierung mit Cucumber wird wie schon bei der Aufstellung des Kriterienkataloges in Kapitel 5.3 in die drei aufgestellten Kategorien unterteilt. Zu jedem aufgestellten Kriterium werden in diesem Kapitel die Ergebnisse der Implementierung mit Cucumber dargestellt.

5.4.1 Usability des Cucumber Frameworks

5.4.1.1 Hilfestellungen für den Umgang mit dem Framework

In diesem Abschnitt wird die Frage geklärt, wie umfangreich die Hilfestellungen für die Erlernung des Umgangs mit dem Cucumber Framework sind. Für das Framework Cucumber ist eine ausführliche Dokumentation vorhanden. In dieser Dokumentation gibt es auch ein offizielles Tutorial für den Einstieg und den Umgang mit dem Cucumber Tool. Dieses Tutorial wird für alle unterstützen Programmiersprachen von Cucumber angeboten. Nach Durchführung dieses Tutorials sind bereits erste Testfälle automatisiert. Aber auch auf anderen Blogs und Webseiten sind viele Tutorials nicht nur für den Einstieg, sondern auch zu den unterschiedlichsten Problemstellungen zu finden. Bei der Suche „Cucumber Tutorials" in Google werden ungefähr 11,3 Millionen Ergebnisse gefunden. Das zeigt, dass sich viele Personen mit dem Cucumber-Framework beschäftigen.

5.4.1.2 Einfaches Setup

Dieses Kriterium zeigt, wie schon in Kapitel 5.3 bei der Aufstellung des Kriterienkataloges beschrieben, wie groß der initiale Aufwand für den Einsatz des Cucumber Frameworks zur Testautomatisierung ist. Folgt man dem offiziellen Tutorial lässt sich mit wenigen Befehlen in der Console ein Maven Projekt mit dem Cucumber Framework erstellen. Der Aufbau von Tests mit Cucumber wird vereinfacht in Abbildung 10 beschrieben. Vorab ist festzuhalten, dass Testfällen in Cucumber als Testszenarien beschrieben werden. Um eine Verwechslung mit dem aufgestellten Testszenario in Kapitel 5.2 zu vermeiden, werden die Cucumber Testszenarien in dieser Arbeit als Testfälle bezeichnet. In einem Feature File wird der Testfall in der Sprache Gherkin verfasst. Dieser Testfall besteht aus mehreren einzelnen Schritten. In einer Java Klasse wird zu jedem Schritt des formulierten Testfalls eine Methode geschrieben. In dieser Methode wird angegeben, welcher Programmcode für den jeweiligen Testschritt im Testfall ausgeführt werden soll. Durch dieses Zusammenspiel zwischen dem Feature File und den implementierten Stepdefinitions in einer Java Klasse sind die in natürlicher Sprache formulierten Tests gegen den System Code ausführbar. Für das Setup von Cucumber in ein bestehendes Projekt, in diesem Fall in das Projekt mit dem REST-Service, mussten lediglich die Abhängigkeiten für Cucumber in der pom.xml Datei hinzugefügt werden. Diese XML-Datei enthält Informationen für den Build Prozess durch Maven. Anschließend an das hinzufügen der Abhängigkeiten wird eine Klasse benötigt, die die Cucumber Tests ausführt. Mithilfe von Annotationen wird dann angegeben, an welchem Ort die Cucumber Feature Files abgelegt sind. In Kapitel 5.4.2 ist die ausführende Klasse der Tests mit der „@CucumberOptions" Annotation, die den Ort der Feature Files angibt, in einer Grafik im Detail erläutert. Abschließend lässt sich sagen, dass Cucumber sehr einfach einem Projekt das Maven nutzt hinzugefügt werden kann.

5.4.1.3 Einfaches Erstellen von Testfällen

Mit diesem Kriterium wird beschrieben, wie schon bei der Aufstellung des Kriterienkataloges in Kapitel 5.3 dargestellt, wie große der Aufwand ist, um einen neuen Testfall mit dem Cucumber Framework zu implementieren und welche Hilfestellungen einem Cucumber dazu bietet. Testfälle oder Testszenarien, wie sie in Cucumber eigentlich beschreiben werden, lassen sich einfach erstellen. Es muss lediglich eine neue Feature Datei erstellt werden. In dieser Datei wird einem schon die Struktur von zwei Szenarien vorgeschlagen. In Abbildung 11 wird der Systemaufbau des Testszenarios und das Zusammenspiel der hier erwähnten Dateien dargestellt. Anhand der vorgegebenen Struktur lassen sich einfach neue Testfälle schreiben. In Abbildung 12 sind die beiden Testfälle für die Rest-Schnittstelle, die den Preis zurückliefert, zu sehen. Die Implementierung der beiden Testfälle der Rest-Schnittstelle der Abgaswerte sieht identisch aus.

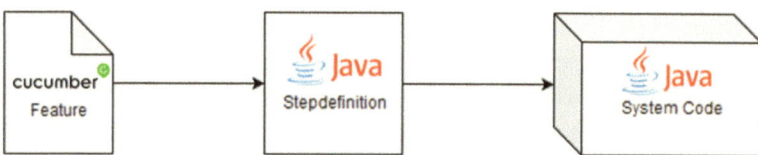

Abbildung 11: Vereinfachter Testaufbau des Cucumber Frameworks

```
1 Feature: Testing a REST API - Price
2   A User wants to know the price of the actual car configuration.
3
4
5   Scenario: Client makes call to GET /price/{configurationId} with a valid configuration
6
7     When the client calls /car/price/2
8     Then the client receives status code of 200
9     And the client receives a price
10
11  Scenario: Client makes call to GET /price/{configurationID} with an invalid configuration
12
13    When the client calls /car/price/9
14    Then the client receives status code of 400
15
16
```

Abbildung 12: Neues Feature File mit einem erstellten Testszenario

Zu Beginn dieser Arbeit wurde schon einmal der Aufbau eines Testszenarios mit den Wörtern Given, When und Then in Kapitel 3.3 dargestellt. In diesem Fall wird das Wort Given als Vorbereitungsschritt nicht benötigt. Das System muss für diesen Testfall nicht in einen bestimmten Zustand gebracht werden. Nach der Erstellung des Feature Files und der Implementierung des Szenarios in diesem muss noch entsprechend implementiert werden, welcher Code der Software bei welchem Schritt ausgeführt werden soll. Das wird in den sogenannten Stepdefinitions festgelegt. Diese werden in Java-Code geschrieben, da der Systemcode des Testszenarios aus Kapitel 5.2 ebenfalls in Java-Code geschrieben ist. Wird der Systemcode in einer anderen Sprache implementiert, so werden auch die Stepdefinitions in einer anderen Sprache implementiert. Das Cucumber Framework bietet zu der Implementierung der Stepdefinitions eine gute Hilfestellung. Bei der Ausführung der Tests werden die fehlenden und noch nicht implementierten Stepdefinitions in der Console angezeigt. Für die fehlenden Schritte werden entsprechende Methoden für die Implementierung vorgeschlagen. Diese können kopiert und für die Implementierung verwendet werden. Die fehlenden Methoden können dadurch leicht ermittelt werden. Der Implementierung dieser Methoden muss nur noch hinzugefügt werden, welcher Code, bzw. welche Methode des eigentlichen Systems bei den einzelnen Schritten ausgeführt werden soll. In Abbildung 13 sind die Stepdefinitions abgebildet. Dort sind die drei Schritte, die schon in Abbildung 12 bei der Implementierung des Szenarios verwendet wurden, zu erkennen. Die Schnittstellte /car/price/{configuration} wird vom Client aufgerufen. Der Client erhält den Status Code. Je nachdem ob die Konfiguration gültig ist oder nicht, wird dem Client ein Preis für das Fahrzeug mitgeliefert.

```
public class CarIntegrationTest extends SpringIntegrationTest{

    @When("^the client calls /car/price/(\\d+)$")
    public void the_client_calls_car_price(int config) throws Throwable {
        executeGet("http://localhost:8080/car/price/" + config);
    }

    @Then("^the client receives status code of (\\d+)$")
    public void the_client_receives_status_code_of(int statusCode) throws Throwable {
        HttpStatus currentStatusCode = latestResponse.getTheResponse().getStatusCode();
        assertThat("status code is incorrect : "+
        latestResponse.getBody(), currentStatusCode.value(), is(statusCode));
    }

    @Then("^the client receives a price$")
    public void the_client_receives_a_price() throws Throwable {
        String currentBody = latestResponse.getBody();
        assertThat("Send no Price : " + latestResponse.getBody(), currentBody, containsString("price"));
    }
```

Abbildung 13: Implementierte Stepdefinitions für die Preis Rest-Schnittstelle

Letztendlich lässt sich sagen, dass es mit Cucumber relativ einfach ist, neue Testszenarien hinzuzufügen und die entsprechenden Stepdefinitions zu implementieren. Cucumber bietet auch entsprechende Hilfestellungen dafür.

5.4.1.4 Einfaches Anpassen vorhandener Testfälle

Wie in Kapitel 5.3 bei der Aufstellung des Kriterienkataloges dargestellt, beschreibt dieser Punkt, wie aufwändig es ist bereits automatisierte Tests anzupassen. In Cucumber können Tests einfach in den Feature Files bzw. in den Stepdefinitions angepasst werden. Bei wenigen Tests, wie es in diesem Testszenario der Fall war, ist es einfach vorhandene Tests anzupassen. Da jedoch in Projekten mehrere hundert dieser Testfälle existieren, kann es zu einer großen Aufgabe werden, die Testfälle zu verwalten und gegebenenfalls anzupassen. Das Cucumber Framework besitzt keine automatisierte Lösung um Testfälle, die beispielsweise die gleiche Schnittstelle aufrufen, automatisch anzupassen. Jedoch benötigt auch nicht jeder einzelne Schritt in dem formulierten Testfall eine eigene Stepdefinition. Werden wie in diesem Testszenario zwei Tests zu einer Schnittstelle formuliert, so wird der Schritt für den Aufruf der Schnittstelle zweimal verwendet. Dieser muss dann auch nur an dieser einen Stelle angepasst werden. Als Antwort auf die Frage, des Aufwandes der Anpassung von Testfällen mit dem Cucumber Framework, kann festgehalten werden, dass es einfach ist wenige Tests anzupassen. Mit der Nutzung des Cucumber Frameworks gibt es aber keine automatische Möglichkeit mehrere Testfälle auf einmal anzupassen. Die Stepdefinitions können allerdings öfter verwendet werden, weshalb eine automatische Anpassung hier nicht nötig ist.

5.4.1.5 Verwaltung / Pflege von Testdaten

Das Kriterium beschreibt, wie schon bei der Beschreibung des Kriterienkataloges in Kapitel 5.3 dargestellt, welche Möglichkeiten das Cucumber Framework bietet, um Testdaten außerhalb von implementierten Tests zu verwalten und zu pflegen. Es gibt keine offizielle Lösung von Cucumber, wie Testdaten verwaltet werden sollen und können. Daher müssen auch weiterhin bei dem Einsatz von Cucumber die Testdaten direkt in den Tests stehen.

5.4.2 Auswertung der Ergebnisse mit Cucumber

5.4.2.1 Performance und Laufzeit

Wie bei der Beschreibung des Kriterienkataloges in Kapitel 5.3 zeigt dieses Kriterium wie lange die Durchführung der Tests mit dem Cucumber Framework dauert. Um einen vergleichbaren Wert der Durchlaufzeit zu erhalten, werden die Tests drei Mal ausgeführt. Die durchschnittliche Zeit wird für den Vergleich der Frameworks verwendet. Um sicherzustellen, dass die zu vergleichenden Frameworks auch die gleichen Funktionalitäten abdecken, wird die Code Coverage herangezogen. Da in dem aufgestellten Testszenario die Funktionalität der REST-Schnittstellen sichergestellt werden soll, wird die Code Coverage der Klasse, in der die Schnittstellen implementiert sind, betrachtet. Bei dem Cucumber Framework beträgt die Testabdeckung durch die implementierten Testszenarien 100 Prozent. In Abbildung 17 ist die erreichte Testabdeckung mit den implementierten Testfällen dargestellt. Die Klasse, in der die REST-Schnittstellen und die Geschäftslogik implementiert sind, ist der „CarController". Die ermittelte durchschnittliche Durchlaufzeit nach drei Durchläufen der Tests beträgt 10,983 Sekunden. Alle Durchlaufzeiten der Tests sind in Tabelle 6 abgebildet. Dabei ist hinzuzufügen, dass die Tests nicht direkt in Eclipse sondern ein kompletter Build Prozess in der Console ausgeführt wurde.

Durchlauf	Laufzeit
Erster Durchlauf	11,081 s
Zweiter Durchlauf	11,951 s
Dritter Durchlauf	9,916 s
Durchschnittliche Durchlaufzeit	10,983 s

Tabelle 6: Durchschnittliche Laufzeit der Cucumber Testszenarien

```
 8 @RunWith(Cucumber.class)
 9 @CucumberOptions(strict = false, features = "src/main/resources" , format = { "pretty",
10          "html:target/site/cucumber-pretty",
11          "json:target/cucumber-reports/cucumber.json",
12          "junit:target/cucumber-reports/cucumber.xml"}, tags = { "~@ignore" })
13 public class RunCucumberTests extends SpringIntegrationTest {
14
15 }
```

Abbildung 14: Konfiguration für die Erstellung der Testergebnisse

5.4.2.2 Möglichkeiten der Darstellung der Testergebnisse

Wie schon bei der Aufstellung des Kriterienkataloges in Kapitel 5.3 dargestellt, wird in diesem Kriterium beschrieben, welche Möglichkeiten der Darstellung der Testergebnisse das Cucumber Framework bietet. Für Cucumber gibt es die Möglichkeit das integrierte Reporter Plugin „pretty" anzubinden. Die Testergebnisse können dann in den Formaten HTML, XML und JSON angesehen bzw. auch exportiert werden. Dazu muss lediglich bei der ausführenden Klasse der Cucumber Tests der Pfad angegeben werden, an dem die Dateien abgelegt werden sollen. In Abbildung 14 ist die Konfiguration für die Erstellung der Testergebnisse in den bereits beschriebenen Formaten abgebildet. Nach jedem Testdurchlauf werden diese Testergebnisse neu erstellt. Die beiden Dateiformate XML und JSON eigenen sich selbst nicht wirklich für einen Testreport. Diese sind eher für den Export in andere Programme und Plugins, die die Testergebnisse dann ansehnlich darstellen. Später in diesem Kapitel wird noch genauer auf ein Plugin eingegangen, dass das JSON File nutzt, um die Testergebnisse darzustellen. Die erstellte HTML Datei eignet sich hingegen für einen Testreport. In der HTML Datei werden alle implementierten Features angezeigt. In Abbildung 15 sind die Ergebnisse in der HTML-Datei dargestellt. Darin werden die einzelnen Schritte farblich unterlegt. Grün bedeutet, dass der Schritt erfolgreich ausgeführt wurde. Rot ist dieser bei einem Fehlschlag hinterlegt und Gelb wenn dazu noch keine passende Stepdefinition implementiert wurde. Daraus ist schnell ersichtlich, welche Feature und Szenario fehlgeschlagen ist und welche Stepdefinitions noch implementiert werden müssen, damit alle Tests funktionieren. Wie bereits erwähnt, werden die XML, und JSON Dateien verwendet, um die Testergebnisse in anderen Plugins und Programmen anzeigen zu können. Auf diese Art können die Testergebnisse in vielen verschiedenen Plugins auf unterschiedliche Art und Weiße dargestellt werden. Gerade wenn Testergebnisse von mehreren Features vorliegen, ist auch das in Abbildung 15 dargestellte HTML Testergebnis nicht mehr übersichtlich genug. In Abbildung 16 ist die Darstellung der Testergebnisse des „maven-cucumber-reporting" Plugins zu sehen. Dieses Plugin nutzt die zuvor erstellten Testergebnisse der JSON Datei. Die Ergebnisse werden dann in übersichtlicher Form dargestellt. Dabei gibt es verschiedene Möglichkeiten die Ergebnisse der Tests zu betrachten. Es wird für jedes getestete Feature eine Übersicht der ausgeführten Schritte angezeigt und farblich gekennzeichnet. Je nachdem ob dieses erfolgreich oder nicht erfolgreich ausgeführt werden konnte. Daneben wird noch eine Übersicht über die Fehlschläge aller Features gegeben. Das in Abbildung 16 dargestellte Testergebnis ist eine Übersicht über alle getesteten Features. In dem Fall des Testszenarios dieser Arbeit die beiden Schnittstellen, die den Preis und die Emissionswerte des Konfigurierten Fahrzeuges zurückliefern sollen. In der Übersicht ist auch zu sehen, dass wie in dem davor erstellten Ergebnis in HTML-Format in Abbildung 15 ein Schritt noch nicht definiert wurde.

Feature: Testing a REST API - Emissions
A User wants to know the emissions output of the actuall car configuration.
Scenario: Client makes call to GET /car/emission/{configurationID} wit a valid configuration
    When the client calls /car/emission/4
    Then the client receives status code of 200
    And the client receives the minimal emission ejection
    And the client receives the maximal emission ejection
Scenario: Client makes call to GET /car/emission/{configurationID} wit an invalid configuration
    When the client calls /car/emission/12
    Then the client receives status code of 400
Feature: Testing a REST API - Price
A User wants to know the price of the actuall car configuration.
Scenario: Client makes call to GET /price/{configurationId} with a valid configuration
    When the client calls /car/price/2
    Then the client receives status code of 200
    And the client receives a price
Scenario: Client makes call to GET /price/{configurationID} with an invalid configuration
    When the client calls /car/price/9
    Then the client receives status code of 400

Abbildung 15: HTML Testergebnis mit einer nicht implementierten Stepdefinition

Bei mehreren Features ist diese Zusammenfassung wesentlich übersichtlicher. Eine weitere nützliche Übersicht, des angebundenen Plugins ist die Anzeige, welche Stepdefinitions wie oft verwendet wurden. Auch wenn Stepdefinitions nicht verwendet werden und überflüssig sind, wird das in dieser Übersicht deutlich. Zu diesem Kriterium kann zusammengefasst werden, dass nur die HTML Datei die Testergebnisse gut darstellt. Allerdings gibt es viele verschiedene Plugins, die diese Lücke schließen.

Ergebnis

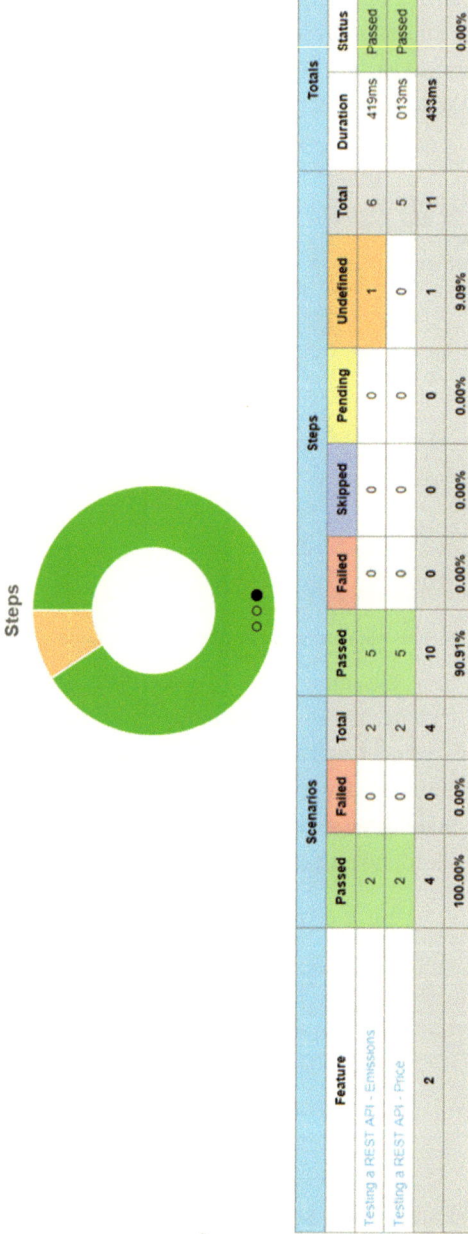

Abbildung 16: Übersicht aller Features des Maven-Cucumber-Reporting Plugins

5.4.2.3 Anzeige der Code Coverage

Mit diesem Kriterium wird wie schon bei der Beschreibung des Kriterienkataloges in Kapitel 5.3 aufgezeigt welche Möglichkeiten der Anzeige der Code Coverage es mit dem Cucumber Framework gibt. In dem Cucumber Framework ist es nicht vorgesehen sich einen Report ausgeben zu lassen, der die erreichte Testabdeckung der ausgeführten Tests anzeigt. Da jedoch Maven als Build-Management Tool für die Implementierung des Testszenarios genutzt wird, kann das Jacoco Plugin für Maven hinzugefügt werden. Ein Build-Management Tool beschreibt, wie der Source Code übersetzt werden muss, damit auslieferbare Ergebnisse entstehen (Désarmeaux, et al., 2016). Das Jacoco Plugin erstellt eine HTML Datei, die die Code Coverage darstellt. Dadurch ist es möglich die Testabdeckung doch automatisiert zu überwachen. Abbildung 17 zeigt die Darstellung der Testabdeckung durch das Jacoco Plugin für Maven. Die erstellte HTML Datei zeig die Code Coverage nicht nur wie in der Abbildung zu sehen. In der Datei kann bis in jede einzelne Klasse gesprungen werden, um sich anzeigen lassen zu können, welche Methoden und einzelnen Code Zeilen mit Tests abgedeckt sind und welche nicht. Dadurch lässt sich ein guter Überblick gewinnen, was noch getestet werden muss und was nicht. Jedoch bietet Cucumber keine Möglichkeit die Testabdeckung in so einer Form darzustellen.

Configurator.Car

Element	Missed Instructions	Cov.
Car		20%
CarEmissionDto		53%
CarPriceDto		60%
CarController		100%
NoValidConfigurationException		100%
Total	24 of 80	70%

Abbildung 17: Jacoco Darstellung der Testabdeckung mit Cucumber

5.4.3 Wiederverwendbarkeit von Cucumber in weiteren Projekten

5.4.3.1 Kompatibilität mit den eingesetzten Frameworks

Wie schon bei der Darstellung des Kriterienkataloges in Kapitel 5.3 wird bei diesem Kriterium betrachtet, wie viele Integrationen das Cucumber Framework bietet und wie gut Cucumber in das aufgestellte Testszenario integriert werden kann. Das Cucumber Framework kann leicht in ein bestehendes Projekt, das ebenfalls Maven als Build-Management Tool nutzt, eingebunden werden. Neben Maven kann für Cucumber auch Gradle als Build-Management Tool in der Java Welt genutzt werden. Für JavaScript ist Cucumber in Yarn und npm integriert. Und für Ruby wird Cucumber in dem Build Tool Rake unterstützt. Es gibt auch noch Integrationen in verschiedene Entwicklungsumgebungen. Weitere Informationen dazu sind in dem Factsheet zur Beschreibung des Cucumber Frameworks in Abbildung 6 in Kapitel 5.1 dargestellt.

5.4.3.2 Einbaubarkeit in andere Projekte

Hier wird beschrieben welche und wie viele Programmiersprachen das Cucumber Framework unterstützt. Cucumber unterstützt eine Vielzahl von Programmiersprachen. Offiziell werden die Programmiersprachen Java, Javascript, Ruby, OCaml, C++, Lua und Kotlin unterstützt. Daneben gibt es noch mehrere inoffizielle Implementierungen für beispielsweise C#, F#, PHP, Python, Swift und Perl. Diese werden aber nicht von Cucumber selbst gehostet. Daher fließen diese Sprachen nicht in die Bewertung mit ein.

5.4.3.3 Kosten für die Nutzung des Frameworks

In diesem Abschnitt wird aufgeführt, wie schon bei der Aufstellung des Kriterienkataloges in Kapitel 5.3 dargestellt, welche Kosten für den Einsatz des Testframeworks Cucumber in einem Unternehmen anfallen. Die Nutzung des Cucumber Frameworks ist kostenlos. Ebenso kann das Cucumber Framework wie gesehen durch viele weitere Plugins erweitert und ergänzt werden. Beispielsweise kann, wie bereits dargestellt das Plugin Jacoco durch Maven in den Build Prozess der Software mit eingebunden werden.

5.5 Ergebnisse der Implementierung mit Spock

Wie schon bei der Aufstellung des Kriterienkataloges in Kapitel 5.3 dargestellt, wird die Beschreibung der Ergebnisse der Implementierung mit Spock in die drei aufgestellten Kategorien unterteilt. Zu jedem aufgestellten Kriterium werden in diesem Kapitel die Ergebnisse der Implementierung mit Spock dargestellt.

5.5.1 Usability des Spock Frameworks

5.5.1.1 Hilfestellung für den Umgang mit dem Framework

In diesem Abschnitt wird die Frage geklärt, wie umfangreich die Hilfestellungen für die Erlernung des Umgangs mit dem Spock Framework sind. Bei der Beschreibung des Kriterienkataloges in Kapitel 5.3 ist dieses Kriterium genauer dargestellt. Das Spock Framework bietet verschiedene Möglichkeiten um vertrauen mit dem Framework zu gewinnen. Zum einen können in der Spock Web Console direkt erste Spezifikationen implementiert, bearbeitet und ausgeführt werden. Durch diese Web Console kann das Spock Framework ausprobiert werden ohne dass eine aufwändige Projektkonfiguration notwendig ist. Zusätzlich stellt das Spock Framework ein Beispielprojekt auf GitHub zur Verfügung. Dieses Projekt eignet sich gut für den Einstieg und den Umgang mit dem Framework in einer Projektumgebung. Neben den offiziell von Spock bereitgestellten Beispielen sind weitere Tutorials und Anleitungen zu dem Umgang mit dem Framework auch im Internet zu finden. Google findet bei der Suche „Concordion Tutorials" ungefähr 2,2 Millionen Ergebnisse.

5.5.1.2 Einfaches Setup

Unter diesem Punkt wird beschreiben, wie groß der initiale Aufwand ist um das Spock Framework zur Testautomatisierung einzusetzen. Das Spock Framework kann einfach mithilfe von Maven über Abhängigkeiten dem Projekt hinzugefügt werden. Da Spock zur Beschreibung des Verhaltens, das getestet werden soll, die Sprache Groovy nutzt, muss diese zusätzlich als Plugin im Build Prozess von Maven angebunden werden. In Abbildung 18 wird vereinfacht der Testaufbau des Zusammenspiels des Spock Frameworks mit dem eigentlichen System dargestellt. Um einen Test zu automatisieren, wird eine Groovy Datei benötigt.

Ergebnis

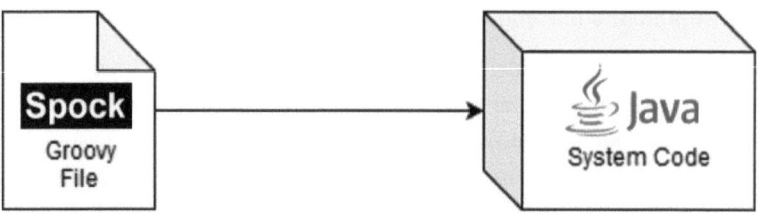

Abbildung 18: Vereinfachter Testaufbau des Spock Frameworks

In dieser Datei werden die Tests in natürlicher Sprache formuliert und gleichzeigt festgelegt, welcher Code beim Durchlauf des Tests ausgeführt werden muss. In dem aufgestellten Testszenario in Kapitel 5.2 wird Maven als Build-Management Tool genutzt. Das Spock Framework kann über Maven einfach in ein bestehendes Projekt eingebunden werden. Auch der Testaufbau ist einfach und gut nachzuvollziehen.

5.5.1.3 Einfaches Erstellen von Testfälle

Dieses Kriterium zeigt, wie neue Testszenarien mit dem Spock Framework erstellt werden können und wie groß dabei die Unterstützung des Frameworks ist. Wie in vorherigem Absatz bei der Beschreibung des Setups schon dargestellt, wird die Formulierung des gewünschten Verhaltens der Software und der dazu auszuführende Code in der gleichen Datei beschrieben. In Abbildung 19 ist die Groovy Datei dargestellt, in der die Formulierung des Verhaltens und die auszuführenden Testschritte zu sehen sind. Hier wird die Schnittstelle für die Rückgabe des Preises getestet. Nach dem Stichwort „def" wird das gewünschte Verhalten der Software beschrieben. In den beiden abgebildeten Tests ist einmal das Verhalten für eine gültige Konfiguration eines Fahrzeuges und einmal das Verhalten für eine ungültige Konfiguration eines Fahrzeuges beschrieben. Das vorausgesetzte Verhalten dieser Schnittstelle ist in der User Story für den Preis eines Konfigurierten Fahrzeuges in Kapitel 5.2 abgebildet. Im Anschluss an die Beschreibung des Verhaltens in der Groovy Datei wird ebenfalls in natürlicher Sprache das erwartete Ergebnis angegeben. Zuletzt wird dann der eigentliche Test implementiert. Das heißt es wird die Methode angegeben, die ausgeführt werden soll und anschließend das erwartete Ergebnis angegeben und überprüft. In dem aufgestellten Testszenario soll ein Rest Service getestet werden. Durch die bestehende Integration zwischen Spock und Spring, kann „MockMvc" verwendet werden um die Rest-Schnittstellen zu testen. Dadurch kann das Grundgerüst des Testszenarios aus Kapitel 5.2, in dem Rest-Schnittstellen getestet werden sollen, ohne großen Aufwand umgesetzt werden.

Die Implementierung der Testfälle hat sich dennoch als schwierig herausgestellt. Für die Implementierung wurde Eclipse verwendet. Da das Verhalten und die Testschritte in einer Groovy Datei beschrieben werden, sind bestimmte Fehler an der Syntax erst nach der Durchführung der Tests zu erkennen. Auch werden keine Methoden bzw. Begrifflichkeiten vorgeschlagen. Gerade für Neulinge der Groovy Sprache ist das sehr zeitaufwändig, da diese zwar ähnlich aber nicht identisch mit der Java Sprache ist. Nur geübte Nutzer mit der Sprache Groovy können einfach neue Testfälle implementieren.

```
15 @Title("CarController Specification")
16 @AutoConfigureMockMvc(secure=false)
17 @WebMvcTest()
18 class CarControllerTest extends Specification {
19
20     @Autowired
21     private MockMvc mvc
22
23     static int validCar = 2
24     static int invalidCar = 9
25
26     static String priceInterface = "/car/price/"
27     static String emissionInterface = "/car/emission/"
28
29     def "when get /car/price/{carConfiguraton} is performed with a valid car configuration
30          then the response has status 200 and a price is returned"() {
31         expect: "Status is 200 and the response is the price of the car"
32         mvc.perform(MockMvcRequestBuilders.get(priceInterface + validCar))
33             .andExpect(MockMvcResultMatchers.status().isOk())
34             .andReturn().response.contentAsString == "{\"price\":0}"
35     }
36
37     def "when get /car/price/{carConfiguraton} is performed with an invalid car configuration
38          then the response has status 400 and no price is returned"() {
39         expect: "Status is 400"
40         mvc.perform(MockMvcRequestBuilders.get(priceInterface + invalidCar))
41             .andExpect(MockMvcResultMatchers.status().isBadRequest())
42     }
```

Abbildung 19: Groovy Datei mit dem Verhalten der Software und dem Test dazu

5.5.1.4 Einfaches Anpassen vorhandener Tests

Hier wird beschrieben, wie einfach es ist mit dem Spock Framework geschriebene Testfälle anzupassen. Die bereits automatisierten Testfälle können in der Groovy Datei geändert werden. In der Umfrage wurde festgestellt, dass bei Änderungen einer Schnittstelle alle Tests dieser Schnittstelle geändert werden müssen. Das Spock Framework bietet dafür eine Lösung. In der Abbildung 19 ist zu sehen, dass zu Beginn statische Variablen gesetzt sind. Diese statischen Variablen werden in dem Fall verwendet um den URL-Pfad einer Schnittstelle festzulegen. Ändert sich dieser Pfad, so muss lediglich der Wert dieser statischen Variable verändert werden. In den implementierten Testfällen wird diese Variable genutzt.

So müssen Änderungen eines Pfades nur einmalig an der statischen Variable vorgenommen werden. Auf identische Weiße kann das mit den gültigen und ungültigen Konfigurationen von Fahrzeugen gemacht werden. Mehr dazu aber in folgendem Kriterium zur Verwaltung und Pflege von Testdaten. Generell ist es einfach möglich geschriebene Testfälle in der Groovy Datei anzupassen. Automatisiert ist dies allerdings nur über die Variablen zu Beginn der Groovy Datei möglich. Bei der Erstellung der Testfälle muss aber darauf geachtet werden, dass entsprechende Variablen erstellt und richtig gesetzt werden.

5.5.1.5 Verwaltung / Pflege von Testdaten

Dieser Punkt zeigt, welche Möglichkeiten das Spock Framework bietet um Testdaten außerhalb der formulierten Tests zu verwalten und zu pflegen. Das Spock Framework bietet mehrere Möglichkeiten. Wie bereits im vorherigen Kriterium beschrieben, können statische Variablen für die Verwaltung und Pflege genutzt werden. In Abbildung 19 ist zu erkennen, dass die gültigen Konfigurationen von Fahrzeugen in solchen Variablen gesetzt sind. Wie bei der Beschreibung des Testszenarios in Kapitel 5.2 dargestellt, dürfen nur für gültige Konfigurationen von Fahrzeugen der Preis oder die Abgasemissionen zurückgeliefert werden. Sollte beispielsweise die hier verwendete Konfiguration 2 eines Fahrzeuges die Gültigkeit verlieren, so muss lediglich eine gültige Konfiguration an dieser Stelle eingetragen werden. Die automatisierten Tests müssen nicht mehr angepasst werden. In der Dokumentation des Spock Framework wird noch eine weitere Möglichkeit zur Verwaltung von umfangreicheren Testdaten vorgestellt. Und zwar können mit der „@Shared" Annotation Datenanbieter wie beispielsweise ein SQL-Datenbank eingebunden werden. Dies ist vor allem hilfreich, wenn die Testdaten über mehrere Groovy Testfiles hinweg benötigt werden. Durch eine sinnvolle Aufteilung der implementierten Tests sind aber statische Variablen zunächst einmal ausreichend. Die Tests können in dem aufgestellten Testszenario beispielsweise nach der URL der Schnittstellen aufgeteilt werden. So sind in einer Groovy Datei nur Tests einer bestimmten Schnittstelle. Werden die benötigten Testdaten allerdings umfangreicher, so ist eine Anbindung einer Datenbank sinnvoll. Für das aufgestellte Testszenario wird das allerdings nicht benötigt.

5.5.2 Auswertung der Ergebnisse mit Spock

5.5.2.1 Performance und Laufzeit

Der Punkt zeigt, wie schnell die Tests des aufgestellten Testszenarios durchlaufen. Auch hier werden die Tests dreimal ausgeführt. Die durchschnittliche Zeit dieser drei Testdurchläufe kann anschließend als Wert für den Vergleich mit anderen Testtools verwendet werden. Um sicherzustellen, dass die zu vergleichenden Frameworks auch die gleichen Funktionalitäten abdecken, wird die Code Coverage heran gezogen. Die Klasse „CarController", in der die Rest-Schnittstellen des Testszenarios implementiert sind, ist zu 100 Prozent mit Testfällen abgedeckt. In Abbildung 20 ist die erreichte Code Coverage zu sehen. In nachfolgender Tabelle sind die drei Durchlaufzeiten und die durchschnittliche Durchlaufzeit abgebildet. Diese beträgt bei der Ausführung der mit Spock implementierten Testfälle 3,983 Sekunden. Auch hier ist festzuhalten, dass die Zeit während der Ausführung des kompletten Build-Prozesses mit Maven erfasst wurde. Nach Abschluss des Build-Vorganges wurde angezeigt wie lange die Testausführung des Spock Frameworks benötigt hat. Diese Zeit jedes Durchlaufes wurde für den Vergleich verwendet. Die einzelnen Durchlaufzeiten sowie die durchschnittliche Durchlaufzeit ist in Tabelle 7 abgebildet.

Durchlauf	Laufzeit
Erster Durchlauf	4,003 s
Zweiter Durchlauf	3,891 s
Dritter Durchlauf	4,055 s
Durchschnittliche Durchlaufzeit	3,983 s

Tabelle 7: Durchschnittliche Laufzeit der Testfälle mit Spock

5.5.2.2 Möglichkeiten der Darstellung der Testergebnisse

Hier wird beschrieben, welche Möglichkeiten es mit dem Spock Framework gibt um die Ergebnisse der ausgeführten Tests anzuzeigen. Standardmäßig bietet das Spock Framework keine Anzeige der Testergebnisse. Da in diesem zur Implementierung dieses Testszenarios Maven verwendet wurde, werden aber unter Einbindung des Maven Surefire Report Plugins die Testergebnisse in XML- Dateien gespeichert. Für jede Groovy Datei wird eine XML Datei erstellt, die die Testergebnisse speichert. Diese Testergebnisse können dann durch die Verwendung weiterer Plugins dargestellt werden. Die Erstellung der XML Dateien durch das Maven Plugin hat aber nur bedingt mit der Verwendung des Spock Frameworks zu tun.

Daher werden unter diesem Punkt keine Testergebnisse gezeigt. Wie schon in der Studie von Okolnychyi und Fögen (2016) festgestellt, eignete sich Spock eher zum Testen auf Unit-Level Ebene. Ein möglicher Grund ist wohl, dass Spock keine Möglichkeit der Testdokumentation bietet. Diese Arbeit ist genauer in Kapitel 3.5 bei der Vorstellung von aktuellen Forschungsarbeiten zum Thema BDD dargestellt.

5.5.2.3 Anzeige der Code Coverage

In der durchgeführten Umfrage wurde deutlich, dass die Darstellung der Code Coverage sehr wichtig für die Beteiligten am Projekt ist. Hier wird gezeigt, welche Möglichkeiten das Spock Framework bietet, um die Code Coverage anzuzeigen. Aber schon wie bei der Verwendung von Cucumber und der Darstellung der Ergebnisse in Kapitel 5.4.2 kann auch mit der Nutzung des Spock Frameworks nur das Jacoco-Plugin zur Anzeige der Testabdeckung verwendet werden. Dieses Plugin erstellt eine HTML Datei in der die Code Coverage der ganzen Software bis hin zu jeder einzelnen Klasse angezeigt werden kann. In Abbildung 20 ist die Code Coverage, die durch die implementierten Testfälle mit Spock erzielt werden konnte, abgebildet. Im Vergleich zur Code Coverage die mit dem Cucumber Framework in Abbildung 17 in Kapitel 5.4 erzielt wurde, unterscheidet sich die hier erzielte Testabdeckung lediglich in der Klasse Car. Dies liegt daran, dass beim Testen mit Cucumber der komplette Spring Kontext aufgebaut wird. Das bedeutet, dass alle Klassen initialisiert werden. Beim Testen mit Spock wird nur der Kontext aufgebaut, der auch tatsächlich benötigt wird.

Configurator.Car

Element	Missed Instructions	Cov.
Car	▬▬▬	0%
CarEmissionDto	▬▬▬	53%
CarPriceDto	▬▬	60%
CarController	▬▬▬	100%
NoValidConfigurationException	▬	100%
Total	27 of 80	66%

Abbildung 20: Jacoco Darstellung der Testabdeckung mit Spock

Daher ergibt sich der Unterschied bei der Code Coverage. Das Spock Framework bietet selbst keine Lösung für die Anzeige der Code Coverage an. Jedoch kann auch für das Spock Framework das Jacoco-Plugin verwendet werden, wodurch sich die Code Coverage festhalten lässt. Voraussetzung dafür ist allerdings, dass Maven als Build-Management Tool verwendet wird.

5.5.3 Wiederverwendbarkeit von Spock in weiteren Projekten

5.5.3.1 Kompatibilität mit den eingesetzten Frameworks

Hier wird aufgezeigt, wie viele Integrationen das Spock Framework bietet. Daneben wird gezeigt, wie gut sich das Spock Framework in das aufgestellte Testszenario integrieren lässt. In dem hier aufgestellten Testszenario sollte die Schnittstellen eines Rest-Services getestet werden. Der Rest-Service wurde mit dem Spring Framework implementiert. Mit Spock lässt sich relativ problemlos eine mit Spring erstellte REST API testen. Wie schon in dem Factsheet zur Vorstellung des Frameworks in Abbildung 7 in Kapitel 5.1 beschrieben, kann das Spock dem Spring Framework angebunden werden. Allerdings bietet Spock bisher keine weiteren Integrationen in andere Frameworks an. Für das aufgestellte Testszenario werden aber auch keinerlei anderen Integrationen benötigt.

5.5.3.2 Einbaubarkeit in andere Projekte

Hier wird beschrieben welche Programmiersprachen das Spock Framework unterstützt. Mit dem Tool Spock können nur Applikationen getestet werden, die in Java geschrieben sind. Bisher werden noch keine anderen Programmiersprachen durch Spock unterstützt.

5.5.3.3 Kosten für die Nutzung des Frameworks

Unter diesem Kriterium wird betrachtet, wie viele Kosten für den Einsatz des Testframeworks in einem Unternehmen anfallen. Auch Spock kann ebenso wie das vorher beschriebene Framework Cucumber in Kapitel 5.4 komplett kostenlos verwendet werden.

5.6 Vergleich der Frameworks

Um die beiden Frameworks anhand der dargestellten Ergebnisse in Kapitel 5.4 und Kapitel 5.5 miteinander zu vergleichen, wird eine Nutzwertanalyse durchgeführt. In Tabelle 8 ist die durchgeführte Nutzwertanalyse für den Vergleich des Cucumber und des Spock Frameworks abgebildet. Die Gewichtung der drei Kategorien, wie sie in Kapitel 5.3 bei der Aufstellung des Kriterienkataloges beschrieben wurden, erfolgte durch ein Gespräch mit einem erfahrenen Leiter mehrerer Softwareprojekte. In diesem Gespräch wurde deutlich, dass bei dem Einsatz eines Testwerkzeuges der Report der Testergebnisse und somit in dieser Arbeit das Kriterium „Auswertung der Testergebnisse" die wichtigste Rolle spielt. Das Kriterium wurde daher in dem Gespräch mit 50% gewichtet. Daneben wurde in dem Gespräch deutlich, dass die Wiederverwendbarkeit eines Frameworks durchaus wichtiger ist als die Usability des Frameworks. In dem Gespräch wurde klar, dass Testfälle in der Regel nur einmal automatisiert werden müssen. Kann hingegen nicht nur das Testframework sondern gegebenenfalls sogar die ersten Testfälle in ein anderes Projekt mit übernommen werden spart das enormen Aufwand. Daher ist eine gute Usability zwar wichtig bei der Wahl eines Frameworks. Allerdings eben nicht so wichtig wie ein guter Testreport und die Wiederverwendbarkeit in weiteren Projekten. In dem Gespräch für die Gewichtung der Kriterien wurden aus soeben genannten Gründen die „Wiederverwendbarkeit des Frameworks in weiteren Projekten" mit 30% etwas stärker gewichtet als die „Usability des Frameworks" mit 20%. Alle Kriterien die der gleichen Kategorie angehören sind identisch gewichtet. Das bedeutet, alle Kriterien, die der Usability des Frameworks angehören sind in dem Vergleich mit 20% gewichtet. Diese Bewertung der Kategorien liefert eine Antwort auf die in der Problemstellung aufgestellte Frage: „Welche Kriterien sind bei der Auswahl eines Testframeworks wichtig?"

Die Bewertung der einzelnen Kriterien erfolgt durch unterschiedliche Personen. Die einzelnen Kriterien können dabei mit den Punkten eins bis zehn bewertet werden. Wobei eins am schlechtesten und zehn am besten ist. Bei der folgenden textuellen Beschreibung und Begründung der Bewertung werden die vergebenen Punkte eins bis drei als schlecht beschrieben. Die Punkte vier bis sieben werden als mittelmäßig und die Punkte acht bis zehn als gut beschreiben. Am Ende der Darstellung der Nutzwertanalyse in Tabelle 8 ist aufgeführt welche Personen wann die Bewertung vorgenommen haben. Bei dem Kriterium der Hilfestellung für den Umgang mit dem Framework wurde Cucumber mit gut bewertet und Spock nur als mittelmäßig. Im Internet stehen für Cucumber mehr Tutorials zur Verfügung als für das Spock Framework. Bei der Bewertung des Setups sind beide Frameworks mit gut bewertet worden. Beide Frameworks können einfach in Betrieb genommen werden. Das Erstellen von neuen Testfällen ist mit Cucumber einfacher als mit Spock. Mit Cucumber können einfach neue Testfälle erstellt werden. Cucumber gibt dabei eine gute Hilfestellung und zeigt an welche Schritte noch nicht implementiert sind. Mit dem Spock Framework hat es sich als schwierig herausgestellt neue Testfälle zu erstellen. Nicht zuletzt auch dadurch, dass diese in der Sprache Groovy verfasst werden. Cucumber wird in diesem Kriterium mit gut und Spock nur mit mittelmäßig bewertet. Das Anpassen von vorhandenen Testfällen ist es dagegen mit dem Spock Framework einfacher. Bei Spock ist es möglich zu Beginn der Datei wichtige Werte in variablen zu speichern. Diese müssen dann nicht im Test angepasst werden. Diese Möglichkeit gibt es bei Cucumber nicht. Auch bei dem Kriterium zur Verwaltung und Pflege von Testdaten wird Spock besser bewertet. Spock bietet beispielsweise die Möglichkeit der Anbindung einer Testdatenbank. Für Cucumber gibt es eine solche Möglichkeit nicht. Cucumber wird daher nur mit mittelmäßig und Spock mit gut bewertet. Bei der Performance und Laufzeit ist die Durchlaufzeit aller Testfälle bei Spock kürzer als bei Cucumber. Entsprechend wird Cucumber mit mittelmäßig und Spock mit gut bewertet. Bei der Beurteilung der Möglichkeiten der Darstellung der Testergebnisse ist Cucumber klar besser als Spock. Bei der Nutzung des Cucumber Frameworks werden die Testfallergebnisse in drei verschiedenen Formaten gespeichert. Das Spock Framework sieht dagegen keine Möglichkeit vor, Testergebnisse darzustellen. Spock wird daher in diesem Kriterium mit schlecht und Cucumber mit gut bewertet. Die Bewertung der Darstellung der Code Coverage fällt für beide Frameworks gleich aus. Die Code Coverage kann über ein Maven Plugin angesehen werden. Keines der Frameworks bietet eine eigene Möglichkeit dafür. Beide Frameworks werden in dem Kriterium mit schlecht bewertet. Bei der Kompatibilität mit eingesetzten Frameworks bietet Spock zwar eine Integration für das in diesem Testszenario genutzte Spring Framework an, allerdings keine weiteren Integrationen. Daher wird das Spock Framework in diesem Kriterium mit schlecht bewertet. Cucumber dagegen bietet für verschiedene Build-Management Tools Integrationen an und wird deshalb mit gut bewertet. Wie bei der Aufstellung des Kriterienkataloges in Kapitel 5.3 dargestellt, wird in dem Kriterium der Einbaubarkeit in andere Projekte betrachtet, welche der sechs populärsten Programmiersprachen unterstützt werden. Spock unterstützt nur die Sprache Java. Cucumber hingegen unterstützt drei der sechs Populärsten Programmiersprachen. Java, JavaScript und C++ werden von Cucumber unterstützt. Cucumber wird daher mit mittelmäßig und Spock mit schlecht bewertet. Die sechs populärsten Programmiersprachen und wie diese ermittelt werden wird in Kapitel 5.3.3 beschrieben. Bei der Bewertung der Kosten werden beide Frameworks mit gut bewertet. Beide können kostenlos genutzt werden. In Tabelle 8 sind die Bewertungen von eins bis zehn abgebildet.

In Kapitel 2 wurde folgende Forschungsfrage dieser Arbeit aufgestellt: „Welches Behaviour Driven Development Framework eignet sich zur Automatisierung von Akzeptanztests am besten?". Nach dem methodischen Vorgehen dieser Arbeit, wie es in Kapitel wie es in Kapitel 4 dargestellt wurde, und der Durchführung der Nutzwertanalyse in Tabelle 8 kann die Forschungsfrage folgendermaßen beantwortet werden. Im Vergleich zwischen dem Cucumber und dem Spock Framework hat sich herausgestellt, dass das Cucumber Framework insgesamt besser die aufgestellten Kriterien für den Vergleich umsetzt. In manchen Kriterien ist zwar das Spock Framework Cucumber überlegen. Bei der Bewertung aller Kriterien wie in Tabelle 8 dargestellt, eignet sich das Cucumber Framework besser. Hauptsächlich ist dies an der Bewertung der Möglichkeit der Darstellung der Testergebnisse auszumachen. Die Frage „Welche Probleme gibt es bei dem Einsatz von BDD-Tools in agilen Softwareprojekten?" kann mit dem aufgestellten Kriterienkatalog in Kapitel 5.3 beantwortet werden. Dieser Kriterienkatalog wurde aus den herausgefundenen Problemstellungen einer durchgeführten Umfrage erarbeitet. Die Bewertung der Kategorien „Usability des Frameworks", „Auswertung der Ergebnisse" und „Wiederverwendbarkeit des Frameworks in weiteren Projekten" gibt eine Antwort auf die Frage, „Welche Kriterien sind bei der Auswahl eines Testframeworks wichtig?".

Ergebnis

Kategorien für den Vergleich	Gewichtung ***	Kriterien	Cucumber 1-10	Punkte	Spock 1-10	Punkte
Usability des Frameworks	20 %	Hilfestellung für den Umgang mit dem Framework **	8	160	7	140
		Einfaches Setup *	9	180	9	180
		Einfaches Erstellen von Testfällen *	9	180	5	100
		Einfaches Anpassen vorhandener Testfälle *	5	100	8	160
		Verwaltung / Pflege von Testdaten *	2	40	9	180
Auswertung der Ergebnisse	50 %	Performance und Laufzeit *	5	250	8	400
		Möglichkeiten der Darstellung der Testergebnisse **	8	400	1	50
		Anzeige der Code Coverage **	2	100	2	100
Wiederverwendbarkeit des Frameworks in weiteren Projekten	30 %	Kompatibilität mit eingesetzten Frameworks *	9	270	4	120
		Einbaubarkeit in andere Projekte *	5	150	2	60
		Kosten für die Nutzung ***	10	300	10	300
	100 %	Summe		2130		1790

* Bewertet vom Autor dieser Arbeit nach der Durchführung der Implementierung
** Bewertung durch die Teilnehmer der Umfrage in einem Workshop am 19.06.2019
*** Gespräch mit Dominic Reder am 19.06.2019 (Leiter Competence Center Automotive und Transportation Development, Erfahren mit Testumgebungen und Leiter mehrerer Projekte im Testumfeld)

Tabelle 8: Vergleich der Frameworks mit einer Nutzwertanalyse

6 Fazit

6.1 Zusammenfassung

In dieser Arbeit wurden mit einer Umfrage Problemstellungen, die beim Projekteinsatz mit BDD-Tools auftreten, herausgearbeitet. Zudem wurden zwei BDD-Tool anhand eines aufgestellten Testzenarios und aufgestellten Kriterien aus den Problemstellungen miteinander verglichen. Der Vergleich der beiden Frameworks wurde mit einer Nutzwertanalyse durchgeführt und liefert das Ergebnis, dass sich Cucumber besser für den Einsatz eignet als Spock. Hervorzuheben ist hier vor allem, dass das Spock Framework keinerlei Möglichkeiten bietet die Testergebnisse anzuzeigen. Ein Vernünftiger Testreport ist besonders wichtig. Das hat sich durch die Gewichtung der aufgestellten Kategorien zur Bewertung ergeben. Für die durchgeführte Nutzwertanalyse wurde die Kategorie „Auswertung der Ergebnisse" mit 50% am stärksten gewichtet. Die „Wiederverwendbarkeit des Frameworks in weiteren Projekten" wurde mit 30% gewichtet. Da die „Usability des Frameworks" bei der Wahl eines Frameworks zur Testautomatisierung nicht ausschlaggebend ist, wurde diese nur mit 20% gewichtet. Diese Gewichtung zeigt, dass bei der Wahl eines Frameworks zur Testautomatisierung ein vernünftiger Testreport am wichtigsten ist. Für den Umgang mit diesen beiden Tools bietet diese Arbeit einen guten Einstieg.

6.2 Limitations

Bei der Aufstellung des Kriterienkataloges für den Vergleich in Kapitel 5.3 konnten nur sieben Personen zu dem Thema Testautomatisierung mit Behaviour Driven Development befragt werden. Bei mehr Teilnehmern an der Umfrage können die Problemstellungen, die beim Testen auftreten gezielter herausgearbeitet werden. So konnten zwar auch Probleme aufgezeigt werden. Allerding ist durch die geringe Zahl der Teilnehmer keine Bewertung der Größe des jeweiligen Problems möglich. Zudem wurden bei der Umfrage nur Personen befragt, die aktuell mit dem Cucumber Framework arbeiten. Dadurch ergeben sich am Ende der Befragung größtenteils nur Problemstellungen, die mit dem Einsatz des Cucumber Frameworks in Verbindung stehen.

Um die allgemeinen Problemstellungen, die sich mit dem Einsatz von BDD Frameworks ergeben, herauszufinden müssen auch Personen befragt werden, die mit anderen BDD-Tools arbeiten. Trotz der wenigen Teilnehmer an der Umfrage konnten durch die herausgefundenen Problemstellungen beim Testen 11 Kriterien für die

Bewertung erarbeitet werden. Durch die Menge an Kriterien für den Vergleich konnte zu jedem Kriterium nicht in vollem Umfang nach einer Lösung des Problems gesucht werden. Eine Beschränkung auf die wichtigsten Kriterien hätte hier durchaus Sinn gemacht. Die Bewertung der Laufzeit ist wie sie in dieser Arbeit durchgeführt wurde nur begrenzt aussagekräftig. Ein Vergleich der Laufzeit ist erst wirklich aussagekräftig, wenn mehrere Testfälle automatisiert sind. Bei wenigen Testfällen fällt der Unterschied der durchschnittlichen Durchlaufzeiten eventuell größer aus, als er tatsächlich ist.

6.3 Next Steps

Als nächstes sollte als Ergänzung zu dieser Arbeit das Concordion Framework zu dem Vergleich hinzugefügt werden. Wie sich bei der Bewertung der aufgestellten Kategorien in Kapitel 5.6 gezeigt hat ist ein guter Testreport das wichtigste bei der Auswahl eines Frameworks. Auf der Internetseite von Concordion sind einige interessante Möglichkeiten abgebildet, was die Dokumentation von ausgeführten Testfällen zeigt. Zudem verspricht Concordion eine Live-Dokumentation. In Zukunft soll für Concordion auch eine Integration mit Spring angeboten werden. Als weiterer nächster Schritt kann ein Vergleich zwischen den Sprachen Groovy und Gherkin zur Verfassung der Testfälle durchgeführt werden. Wie sich in dieser Arbeit gezeigt hat, ist es mit der Sprach Gherkin einfacher Testfälle zu erstellen. Allerdings wurden in dieser Arbeit auch nur wenige Testfälle automatisiert. Wenn mehrere hundert Testfälle automatisiert werden müssen ist allerdings offen, welche Sprache sich besser zur Formulierung von Testfällen eignet.

6.4 Lessions Learned

Trotz der wenigen Teilnehmer an der Umfrage konnten durch die herausgefundenen Problemstellungen beim Testen 11 Kriterien für die Bewertung erarbeitet werden. Jedoch hat sich dies als sehr aufwändig dargestellt mehrere Frameworks anhand von 11 Kriterien zu bewerten. Bei einem erneuten Vergleich empfiehlt es sich daher sich auf die wichtigsten Kriterien zu fokussieren. So können auch für diese wenigen Probleme gezielter Lösungen gefunden werden. Einen weiteren Punkt, den es bei einem erneuten Vergleich zu berücksichtigen gilt, ist das aufgestellte Testszenario.

In der Arbeit hat es sich als kompliziert dargestellt einen REST-Service zu testen. An dieser Stelle sollte ein leichteres Testszenario aufgestellt werden. Auch so können gezielter Problemlösungen für die eigentlichen Probleme, die sich aus der durchgeführten Umfrage ergeben haben, gefunden werden.

6.5 Contribution to Practice

In dieser Arbeit konnten wichtige Kriterien für die Auswahl eines Frameworks zur Testautomatisierung herausgefunden werden. Die Bewertung der Kategorien zeigt, dass auch entgegen der eigenen Erwartung die Usability des Tools eher eine kleine Rolle bei der Auswahl spielen sollte. Wichtiger ist ein übersichtlicher Testreport der Ergebnisse. Daneben vermittelt diese Arbeit erste Erfahrungen für den Umgang mit Cucumber und Spock. Für Anfänger mit diesen Tools dient diese Arbeit als guter Einstieg um selbst Testfälle zu automatisieren.

6.6 Contribution to Science

In dieser Arbeit konnten Probleme herausgefunden werden, die mit der Testautomatisierung mit Behaviour Driven Development Tools auftreten. Diese Probleme können auch als Grundlage für weitere Forschungsarbeiten dienen. Beispielsweise kann die Ursache für die Probleme herausgefunden werden und herausgearbeitet werden, wie diese Probleme vermieden werden können.

Abbildungsverzeichnis

Abbildung 1: Testpyramide nach Mike Cohn (Cohn, 2010) 5

Abbildung 2: Testebenen von Softwaretests 6

Abbildung 3: Test Driven Development (TDD) - Ablauf der einzelnen Schritte dargestellt in einem Aktivitätsdiagramm 9

Abbildung 4: Aufbau eines Szenarios mit den Wörtern Given, When und Then. 12

Abbildung 5: Darstellung des methodischen Vorgehens 15

Abbildung 6: Factsheet zum BDD-Framework Cucumber 20

Abbildung 7: Factsheet zum BDD-Framework Spock 21

Abbildung 8: User Story für den Preis des konfigurierten Fahrzeuges 22

Abbildung 9: User Story für die Abgasemissionen des konfigurierten Fahrzeuges 23

Abbildung 10: Swagger Dokumentation der beiden Rest-Schnittstellen 23

Abbildung 11: Vereinfachter Testaufbau des Cucumber Frameworks 30

Abbildung 12: Neues Feature File mit einem erstellten Testszenario 30

Abbildung 13: Implementierte Stepdefinitions für die Preis Rest-Schnittstelle 31

Abbildung 14: Konfiguration für die Erstellung der Testergebnisse 33

Abbildung 15: HTML Testergebnis mit einer nicht implementierten Stepdefinition 35

Abbildung 16: Übersicht aller Features des Maven-Cucumber-Reporting Plugins 36

Abbildung 17: Jacoco Darstellung der Testabdeckung mit Cucumber 37

Abbildung 18: Vereinfachter Testaufbau des Spock Frameworks 40

Abbildung 19: Groovy Datei mit dem Verhalten der Software und dem Test dazu 41

Abbildung 20: Jacoco Darstellung der Testabdeckung mit Spock 44

Abbildung 21: Factsheet zum BDD-Framework easyb 58

Abbildung 22: Factsheet zum BDD-Framework FitNesse 59

Abbildung 23: Factsheet zum BDD-Framework HipTest 60

Abbildung 24: Factsheet zum BDD-Framework JBehave 61

Abbildung 25: Factsheet zum BDD-Framework specflow 62

Abbildung 26: Factsheet zum BDD-Framework Spock 63

Abbildung 27: Factsheet zum BDD-Framework TestLeft 64

Abbildung 28: Umfrage zur erfolgreichen Testautomatisierung Seite 1/3 65

Abbildungsverzeichnis

Abbildung 29: Umfrage zur erfolgreichen Testautomatisierung Seite 2/3 66

Abbildung 30: Umfrage zur erfolgreichen Testautomatisierung Seite 3/3 67

Tabellenverzeichnis

Tabelle 1: Vergleich manueller und automatisierter Testdurchführung (Witte, 2016)........4

Tabelle 2: Drei Gründe warum Tests fehlschlagen nach Dan North............................11

Tabelle 3: Unterschiede zwischen TDD und BDD..12

Tabelle 4: Übersicht der befragten Personen zur Aufstellung des Kriterienkatalogs........16

Tabelle 5: Übersicht über bestehende BDD-Frameworks...19

Tabelle 6: Durchschnittliche Laufzeit der Cucumber Testszenarien................................33

Tabelle 7: Durchschnittliche Laufzeit der Testfälle mit Spock..43

Tabelle 8: Vergleich der Frameworks mit einer Nutzwertanalyse....................................49

Tabelle 9: Aktuelle Forschungsarbeiten zum Thema BDD..72

Literaturverzeichnis

ABHISHEK, M. (2017) iOS Code Testing : test-driven development and behavior-driven development with Swift. New York: Apress.

AMIRY, S. et al. (2005) Research Lab Rheinland-Pfalz Testen und Testautomatisierung: Anforderungen an Testwerkzeuge und Marktstudie, Kaiserslautern: Fraunhofer IESE, Report no. 131.

BAUMGARTNER, M. (2018) Agile Testing: der agile Weg zur Qualität. 2. Hrsg. München: Hanser.

BECKER-PECHAU, P., ROOCK, S. & SAUER, J. (2004) Open Source für die Software-Entwicklung. Praxis der Wirtschaftsinformatik, 238 (August).

BECK, K. (2003) Test-driven development : by example. Boston: Addison-Wesley.

BINAMUNGU, L. P., EMBURY, S. M. & KONSTANTINOU, N. (2018a) Detecting Duplicate Examples in Behaviour Driven Development Specifications. In: 2018 IEEE Workshop on Validation, Analysis and Evolution of Software Tests (VST), Camobasso, März 2018. IEEE, pp. 6-10.

BINAMUNGU, L. P., EMBURY, S. M. & KONSTANTINOU, N. (2018b) Maintaining Behaviour Driven Development Specifications: Challenges and Opportunities. In: 2018 IEEE 25th International Conference on Software Analysis, Evolution and Reengineering (SANER), Compabasso, März 2018. IEEE, pp. 175-184.

CHELIMSKY, D. (2010) The Rspec Book - behaviour-driven development with Rspec, cucumber, and friends. s.l.:O'Reilly Media.

COHN, M. (2010) Succeeding with Agile: software development using Scrum. Upper Saddle River: Addison-Wesley.

DÉSARMEAUX, C., PECATIKOV, A. & MCINTOSH, S. (2016) The Dispersion of Build Maintenace Activity across Maven Lifecycle Phases. In: 2016 IEEE/ACM 13th Working Conference on Mining Software Repositories (MSR), Austin, Mai 2016. IEEE, pp. 492-495.

FIELDING, R. et al. (1999) Hypertext Transfer Protocol -- HTTP/1.1. [WWW] Available from: https://www.rfc-editor.org/rfc/pdfrfc/rfc2616.txt.pdf [Accessed 27/06/2019].

MIDDEKE, S. (2007) Integration von Akzeptanztests in agile Vorgehensmodelle. Diplomarbeit, Universität Hmaburg.

NORTH, D. (2006) Behaviour Modification. Better Software Magazine, (März), pp. 26-31.

OKOLNYCHYI, A. & FÖGEN, K. (2016) A Study of Tools for Behavior-Driven Development. In: Full-scale Software Engineering / Current Trends in Release Engineering, Aachen, Februar 2016. Aachen: RWTH Aachen University, pp. 7-12.

OSHEROVE, R. (2015) The Art of Unit Testing. 2. Hrsg. Frechen: mitp.

PYPL (2019) PYPL PopularitY of Programming Language. [WWW] Available from: http://pypl.github.io/PYPL.html [Accessed 22/05/2019].

RAHMAN, M. & GAO, J. (2015) A Reusable Automated Acceptance Testing Architecture for Microservices in Behavior-Driven Development. In: 2015 IEEE Symposium on Service-Oriented System Engineering, San Francisco, März-April 2015. IEEE, pp. 321-325.

RAI, P. (2016) Extending Automated Testing To High-Level Software Requirements. Thesis, Sweden University.

SHAFIEE, S. et al. (2018) Behavior-Driven Development in Product Configuration Systems. In: Proceedings of the 20th Configuration Workshop, Graz, September 2018. CEUR-WS, pp. 49-52.

SOLÍS, C. & WANG, X. (2011) A Study of the Characteristics of Behaviour Driven Development. In: 2011 37th EUROMICRO Conference on Software Engineering and Advanced Applications, Oulu, August-September 2011. IEEE, pp. 383-387.

SPILLNER, A. (2012) Basiswissen Softwaretest : Aus- und Weiterbildung zum Certified Tester ; Foundation Level nach ISTQB-Standard. Heidelberg: dpunkt-Verlag.

WITTE, F. (2016) Testmanagement und Softwaretest: theoretische Grundlagen und praktische Umsetzung. Wiesbaden: Springer Fachmedien Wiesbaden.

Anhang

Factsheet - Behaviour Driven Development Framework

Framework: easyb
Website: www.easyb.io
Erscheinungsjahr:
Implementierung: Java
Natürliche Sprache: Groovy
Dokumentation:
- Keine besonderen Möglichkeiten sich die Ergebnisse der ausgeführten Tests anzeigen lassen zu können.

Zusätzliche Features:
- easyb unterstützt mehrere Möglichkeiten die Spezifikationen zu verfassen.
- Erweiterungen um Testdaten mit einzubeziehen.

Ziel / Einsatzgebiet

easyb ist ein Behaviour Driven Development Framework für die Java Plattform. easyb nutzt eine Domain Specific Language zur Beschreibung der Spezifikationen und macht diese Ausführbar. Diese Ergebnisse dienen als Dokumentation der Testergebnisse. Die Spezifikationen werden in der Sprache Groovy verfasst und können über den Java Runner ausgeführt werden. Mit easyb können die Spezifikationen in unterschiedlichen Strukturen formuliert werden. Dabei kann beispielsweise die Struktur RSpec it genutzt werden. Diese hat den Aufbau „describe it". Aber das Verhalten kann auch in der bekannten Struktur mit den Wörtern Given, When und Then beschrieben werden. Low-Level Behaviour wird in easyb in Spezifikationen und High-Level Behaviour wird sehr ausführlich in Stories beschreiben. easyb ist eher auf das Testen auf Unit-Level fokussiert.

Kosten

Kostenlos

Unterstützte Programmiersprachen der Applikationen

easyb testet Java Applikationen.

Integrationen

easyB kann über die Kommandozeile ausgeführt werden. Daneben kann das Verhalten der Software noch über easyb´s Ant, Maven oder direkt über den JUnit Runner getestet werden.

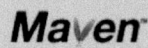 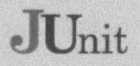

Übersicht der BDD-Tools im Einsatz:

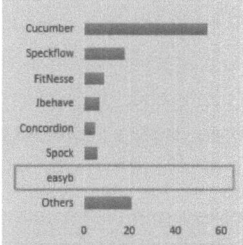

Antworten, welche Tools eingesetzt werden um BDD zu unterstützen. 75 Personen weltweit wurden dazu befragt (Binamungu et al. 2018b).

Fazit

Positiv	Negativ
+ Möglichkeit das Verhalten der Software in einem unterschiedlichen Grad an Detailliertheit zu beschreiben.	− Nur Java Applikationen können getestet werden.
	− Wenige Möglichkeiten die Ergebnisse darzustellen.
+ Kostenlos	− Im Vergleich zu anderen Frameworks relativ wenig Integrationen verfügbar.

Binamungu, L. P., Embury, S. M. & Konstantinou, N., (2018b). Maintaining Behaviour Driven Development Specifications: Challenges and Opportunities. *2018 IEEE 25th International Conference on Software Analysis, Evolution and Reengineering (SANER)*, pp. 175-184.

Abbildung 21: Factsheet zum BDD-Framework easyb

Factsheet - Behaviour Driven Development Framework

Framework: FitNesse
Website: http://docs.fitnesse.org/FrontPage
Implementierung: Java
Natürliche Sprache: Gherkin
Dokumentation:
- Test Pages auf denen Tests ausgeführt werden können.
- Ergebnisse werden direkt auf dieser Test Page angezeigt

Zusätzliche Features:
- FitNesse Community
- Markup Language Extensoins
- Web Application Fixtures
- Security Erweiterungen

Ziel / Einsatzgebiet

FitNesse ist ein einfach zu nutzender Wiki Web Server. Dieser ist sehr anpassungsfähig und wird in vielen Bereichen eingesetzt. Zum Beispiel Web-/GUI Tests oder Testen einzelner Komponenten. Dadurch, dass FitNesse ein Open Source Projekt ist und das Framework keinem Unternehmen gehört, gibt es sehr viele Plug-Ins und Erweiterungen. FitNesse testet Webseiten, die einfache Tabellen mit Eingaben und erwarteten Ausgaben enthalten, führt diese Tests aus und stellt die Resultate da.

Kosten

Kostenlos – Open Source

Unterstützte Programmiersprachen der Applikationen

FitNesse erlaubt es in unterschiedlichen Sprachen zu testen. **Java**, **Python** und **C#** werden unterstützt. Es gibt aber auch Implementierungen für Beispielsweise C+, C++, Php oder **Ruby**. Mehr dazu unter http://fitnesse.org/Plugins

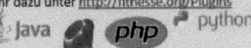

Integrationen

Für FitNesse gibt es Plug-Ins für die Dependency Management Systeme **Maven**, **Apache Ivy** und **Gradle**. Auch ein Plug-In für **Git** ist vorhanden. Für die Entwicklungsumgebungen InjelliJ und Eclipse gibt es auch Plug-Ins.

 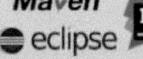
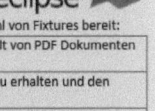

Für FitNesse stehen auch eine Vielzahl von Fixtures bereit:

Pdf Fixture	Fixture um den Inhalt von PDF Dokumenten zu überprüfen.
Email-Fixture	Fixture um E-Mails zu erhalten und den Inhalt zu prüfen.
Jdbc Slim	Framework um Datenbankabfragen in den Test von FitNesse zu integrieren.

Übersicht der BDD-Tools im Einsatz:

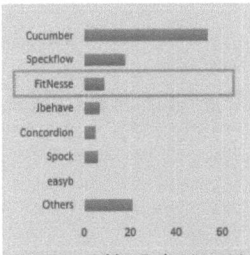

Antworten, welche Tools eingesetzt werden um BDD zu unterstützen. 75 Personen weltweit wurden dazu befragt (Binamungu et al. 2018b).

Fazit

Positiv	Negativ
+ Kostenlos	- Eventuell nicht alle Plug-Ins und Erweiterungen fehlerfrei.
+ Viele Sprachen werden unterstützt.	
+ Fixtures um Inhalte von Dukumenten und E-Mails zu testen.	

Binamungu, L. P., Embury, S. M. & Konstantinou, N., (2018b). Maintaining Behaviour Driven Development Specifications: Challenges and Opportunities. *2018 IEEE 25th International Conference on Software Analysis, Evolution and Reengineering (SANER)*, pp. 175-184.

Abbildung 22: Factsheet zum BDD-Framework FitNesse

Anhang

Factsheet - Behaviour Driven Development Framework

Framework: HipTest
Website: https://hiptest.com/
Unternehmen: Smartbear
Natürliche Sprache: Gherkin
Dokumentation:
- Lebende Dokumentation
- Historie zu den einzelnen Features
- Update über kürzlich neu hinzugefügte, veränderte und gelöschte Features

Zusätzliche Features:
- Szenario Editor mit automatischen Vorschlägen welche Schritte verwendet werden können
- Definierte Testschritte können wiederverwendet werden
- CI-Pipeline Integration z.B. Jenkins, Jira und die Versionsverwaltung Git.

Übersicht der BDD-Tools im Einsatz:

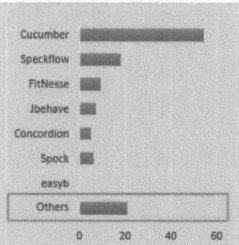

Antworten, welche Tools eingesetzt werden um BDD zu unterstützen. 75 Personen weltweit wurden dazu befragt (Binamungu et al. 2018b).

Ziel / Einsatzgebiet
Cloud Lösung für die Automatisierung von Akzeptanztests. Stellt Umgebung in der Cloud zur Verfügung um Tests zu schreiben, auszuführen und zu überarbeiten. Die Szenarios können mit einer Benutzeroberfläche erstellt werden. Durch den HipTest Publisher können die erstellten Szenarios in verschiedene Sprachen und in die Testframeworks Cucumber und Speckflow exportiert werden.

Kosten

Free	Lite	Pro
Für kleine Teams	Für wachsende Teams	Für BDD Teams
0€	7€	12€
Pro Nutzer im Monat	Pro Nutzer im Monat	Pro Nutzer im Monat
	*(Bei 200 Nutzern)	*(Bei 200 Nutzern)
• Bis zu 3 Nutzer	Alles wie Free und:	Alles wie Lite und:
• Unbegrenzte Projekte	• Bis zu 200 Nutzer	• Bis zu 200 Nutzer

*Der Preis hängt von der Anzahl der Nutzer ab. Bei weniger Nutzern erhöht sich der Preis pro Nutzer im Monat.

Unterstützte Programmiersprachen
Verschiedene Sprachen werden unterstützt. Das HipTest Publisher Tool übersetzt die HipTest Szenarios in Ausführbare Tests. Unter anderem in die Programmiersprachen **Java**, **Ruby** und **Python**. Der HipTest Publisher übersetzt die Szenarios aber auch zur Integration der Szenarios in andere Testframeworks.

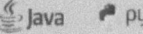

Integrationen / Plug-Ins
Viele Integrationen in den CI Prozess möglich. Unter anderem Integration mit **Cucumber**, **Selenium**, **Jenkins**, **Jira**, **Speckflow**, **Slack**, **Git** und mehr möglich.

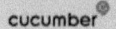 

Fazit

Positiv	Negativ
+ Benutzeroberfläche für die Erstellung von Szenarien.	- Zusatzoptionen bzw. Erweiterungen sind kostenpflichtig.
+ Leichte Einbindung in den CI-Prozess.	

Binamungu, L. P., Embury, S. M. & Konstantinou, N., (2018b). Maintaining Behaviour Driven Development Specifications: Challenges and Opportunities. 2018 IEEE 25th International Conference on Software Analysis, Evolution and Reengineering (SANER), pp. 175-184.

Abbildung 23: Factsheet zum BDD-Framework HipTest

Factsheet - Behaviour Driven Development Framework

Framework:	JBehave
Website:	https://jbehave.org/
Entwickler	Dan North
Erscheinungsjahr:	2003
Implementierung:	Java
Natürliche Sprache:	Gherkin
Dokumentation:	
• HTML Reports	
Zusätzliche Features:	
• Sehr schlankes Tool	

Ziel / Einsatzgebiet

JBehave ist ein schlankes Bahaviour Driven Development Framework. JBehave bildet die Schritte einer Story in Java Code ab und führt diese Stories aus. Als Ergebnis wird ein HTML Report erstellt, der die Ergebnisse der einzelnen Schritte zeigt. JBehave wurde von Dan North als Ersatz für JUnit geschrieben. Das Verhalten der Software wird mit den Wörtern Given When und Then beschrieben. JBehave legt für die einzelnen Schritte, die das Verhalten der Software beschreiben, die auszuführenden Methoden mithilfe von Annotationen fest. Dieses einfache Schema stellt das Framework JBehave bereit. JBehave ist auf die Automatisierung von Akzeptanz- und Integrationstests fokussiert.

Kosten

Kostenlos – Open Source

Unterstützte Programmiersprachen der Applikation

Mit JBehave können nur Java Applikationen getestet werden.

Integrationen

JBehave ist in die Entwicklungsumgebung Eclipse und IntelliJ integriert. Ein Plug-In kann hierfür heruntergeladen werden. Zusätzlich gibt es noch Integrationen für Maven, JUnit und Apache Ant.

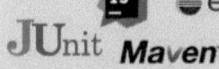

Übersicht der BDD-Tools im Einsatz:

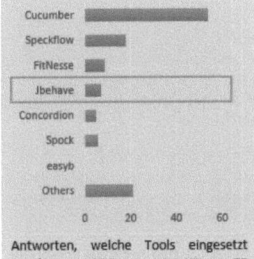

Antworten, welche Tools eingesetzt werden um BDD zu unterstützen. 75 Personen weltweit wurden dazu befragt (Binamungu et al. 2018b).

Fazit

Positiv	Negativ
+ Schlankes Tool	- Nur Java Applikationen können getestet werden.
+ Die Wichtigsten Integrationen in der Java Welt vorhanden.	

Binamungu, L. P., Embury, S. M. & Konstantinou, N., (2018b). Maintaining Behaviour Driven Development Specifications: Challenges and Opportunities. *2018 IEEE 25th International Conference on Software Analysis, Evolution and Reengineering (SANER)*, pp. 175-184.

Abbildung 24: Factsheet zum BDD-Framework JBehave

Anhang

Factsheet - Behaviour Driven Development Framework

Ziel / Einsatzgebiet

Specflow ist Teil der Cucumber Familie und nutzt den offiziellen Gerkin Parser. Mit Specflow können Akzeptanztests geschrieben, gemangaged und automatisiert werden. Specflow wird auch als Cucumber für die .Net Welt bezeichnet. Specflow hilf verständliche Akzeptanztests zu schreiben, und durch Specflow ausführbar gemacht werden. Die kostenpflichtige Erweiterung Specflow+ bringt zusätzliche Features mit sich.

Framework: specflow
Website: https://specflow.org/
Implementierung:
Natürliche Sprache: Gherkin
Dokumentation:
- Live Dokumentation des Systems
- Test Execution Report (Zusammenfassung der Tests und das Ergebnis dazu)
- Step Definition Report (Zusammenfassung um ungenutzte Step Definitions herauszufinden)

Zusätzliche Features von SpecFlow+:
- SpecFlow+ Runner
- SpecFlow+ Excel
- SpecFlow+ Living Documentation

Kosten

SpecFlow	SpecFlow+
Basisfunktionen	Zusätzliche Funktionen
0€	159€
Open Source	Pro Nuzer

Unterstützte Programmiersprachen

Specflow unterstützt die Sprachen .Net, Xamarin und Mono. Bindings in SpecFlow können auch in F# geschrieben werden.

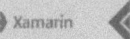

Integrationen

Specflow bietet zusätzlich eine IDE Integration mit einem Editor und einer Test Generierungsfunktion für **Visual Studio** an. Dadurch kann der Anwender den Visual Studio Debugger nutzen. Auch eine Integration in **MonoDevolop** ist vorhanden.

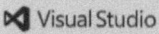

SpecFlow+
- Report Templates (Human-Readable, XML und JSON)
- Szenarios in Excel schreiben (Beispieldaten in Excel bereit stellen, Ganze Szenarios in Excel schreiben)
- Anpassbare Reports
- Beeinflussbare Testplanung (z.B. Fehlgeschlagene Tests zuerst ausführen)
- Testausführung auch durch Visual Studio Code
- Erweiterte Testausführungsmöglichkeiten (Ausführungsumgebungen, Profile, etc.)

Übersicht der BDD-Tools im Einsatz:

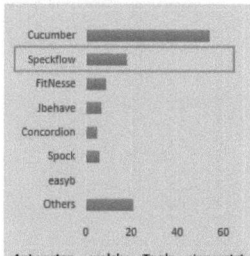

Antworten, welche Tools eingesetzt werden um BDD zu unterstützen. 75 Personen weltweit wurden dazu befragt (Binamungu et al. 2018b).

Fazit

Positiv	Negativ
+ Basisfunktionen sind kostenlos.	- Erweiterung SpecFlow+ ist kostenpflichtig.

Binamungu, L. P., Embury, S. M. & Konstantinou, N., (2018b). Maintaining Behaviour Driven Development Specifications: Challenges and Opportunities. *2018 IEEE 25th International Conference on Software Analysis, Evolution and Reengineering (SANER)*, pp. 175-184.

Abbildung 25: Factsheet zum BDD-Framework specflow

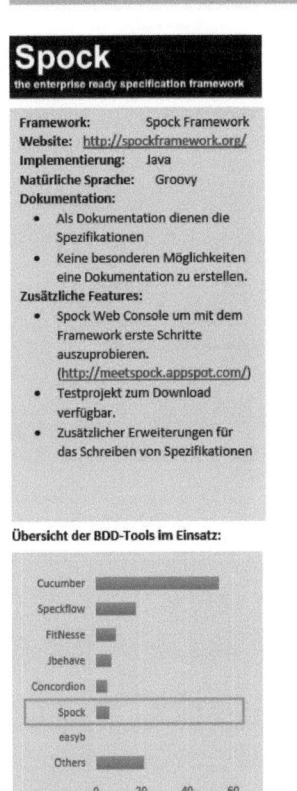

Abbildung 26: Factsheet zum BDD-Framework Spock

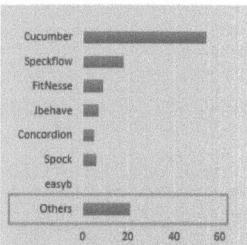

Abbildung 27: Factsheet zum BDD-Framework TestLeft

Seite 1 von 3

Umfrage zur erfolgreichen Testautomatisierung

Diese Umfrage richtet sich in erster Linie an Personen, die Erfahrung im Bereich der Testautomatisierung von Softwaretests mit einem Behaviour Driven Development Framework haben. Die Befragung ist anonym und dauert ca 10 - 15 Minuten.

Vorab schon Vielen Dank für die Teilnahme!

1. Nennen Sie ein Beispiel, wann ein Test funktioniert hat.

   - Wenn alle Tests durchgelaufen sind und erfolgreich waren.
   - Wenn der Test ohne Fehlermeldung durchläuft.
   - Das Testen eines Log-Ins mit unterschiedlichen Nutzerdaten.
   - Ein selbst geschriebener Unit-Test funktioniert.
   - Ich habe die Testergebnisse bekommen.
   - Ein Test hat funktioniert wenn die Fachlichkeit durch den Test erfolgreich abgesichert werden konnte.

2. Nennen Sie ein Beispiel, wann ein Test NICHT funktioniert hat.

   - Wenn die Tests vor dem Ende abbrechen und fehlschlagen.
   - Die Eingabe und das erwartete Ergebnis stimmen nicht überein.
   - Es wurde ein hard-code String entfernt und stattdessen dynamisch aus der Datenbank geholt. Diese mussten in den existierenden Tests gemocked werden, um erfolgreich durchzulaufen.
   - Wenn Fehler beim Testen auftauchen.

3. Nennen Sie ein Beispiel, was Probleme beim Testen bereitet.

   - Unvollständige Testdaten.
   - Nicht klar beschriebene Aufgabenstellungen/Testbeschreibungen.
   - Generieren der Testdaten (insbesondere bei Integrationstests).
   - Die Testdaten waren unvollständig.
   - Fehlende Testdaten sind ein Hauptproblemfeld. Dies kann verschiedene Ursachen haben: es liegen für ein neues System noch keine Daten vor, es gibt keine Ressourcen für die Erstellung der Daten usw.
   - Rechtschreibfehler.
   - Das Testen von Sonderfällen.

Seite 1 von 3

Abbildung 28: Umfrage zur erfolgreichen Testautomatisierung Seite 1/3

Seite 2 von 3

4. Nennen Sie ein Beispiel, was viel Zeit beim Testen kostet.

- Ein eigenes Beispiel für einen Test heraussuchen.
- Mocken bereits getesteter Methoden/Klassen (die sollen ja nicht noch einmal getestet werden).
- Die Vorbereitung von Testdaten.
- „Pflege" der Testdaten. Die Testdaten die wir verwenden haben in den vielen Fällen nur eine Halbwertszeit von einigen Monaten.
- Eigene Testfälle überlegen.
- Testfälle überlegen, die Sonderfälle abdecken.
- Das Umschreiben von automatisierten Tests nach dem der Code geändert wurde.

5. Wann ist für Sie Testen erfolgreich? Wenn ein Fehler gefunden wurde oder wenn kein Fehler gefunden wurde?

- Wenn ich zuerst Fehler finde, die ich übersehen habe, sie verbessere und anschließend der Test funktioniert.
- Wenn ein Fehler gefunden wurde.
- Beides. Wenn Fehler gefunden werden, sehe ich die Stelle, an der ein Fehler auftritt. Wenn alle Tests durchlaufen, bin ich auch zufrieden.
- Wenn ein grüner Haken dahinter steht (kein Fehler gefunden).
- Wenn ein Fehler gefunden wurde, ist es erfolgreich. Wenn alle Tests durchlaufen ist das Testen beendet.
- Wenn das Testergebnis wie erwartet ausfällt. Sowohl wenn ein Fehler als auch wenn kein Fehler erwartet wird.
- Unsere Testfälle sind so angelegt dass wir beide Varianten als Testfall einsetzen. Aus unserer Sicht sollte man beides abdecken.

6. Gibt es Sachen die trotz Automatisierung der Tests häufig wiederholt werden müssen, und verbessert werden sollten?

- Nach der Änderung eines Parameters einer REST Schnittstelle müssen alle Tests dieser REST-Schnittstelle angepasst werden.
- Änderung der Geschäftslogik.
- Die Anforderung von neuen Testdaten für neue Funktionalitäten. Der Datenstand auf nicht produktiven Systemen stellt häufig ein Problem dar.
- Die Darstellung der Ergebnisse.
- Die Analyse von Fehlern.

Seite 2 von 3

Abbildung 29: Umfrage zur erfolgreichen Testautomatisierung Seite 2/3

Seite 3 von 3

7. Was würden Sie einem jungen Kollegen z.B. bei der Einarbeitung um selber Test schreiben zu können, empfehlen?

- Der junge Kollege soll zum Einstieg YouTube oder andere Tutorials benutzen.
- Zunächst sollen zuerst die Fälle getestet werden, die am häufigsten eintreten.
- Es gibt für jedes REST Interface bereits Tests. Falls die ähnlich zu seinem Fall sind, könnte das hilfreich sein.
- Der junge Kollege soll sich zunächst mit den Teststepdefinitionen auseinandersetzen.
- Zunächst müsste sich der Kollege natürlich in die Fachlichkeit einarbeiten. Für das Schreiben von Testfällen ist es (in unserem Fall) wichtig das Cucumber-Lexikon zu kennen.

8. Nennen Sie ein Beispiel, wo Sie sich mehr Unterstützung durch ein Testwerkzeug wünschen würden.

- Code Coverage ist aktuell nicht transparent. Das wäre (eigentlich) eine essentielle Information.
- Die Darstellungsfähigkeit der Testfälle.
- Bessere und vor allem bereits fertige Testreports.
- Bei der Erstellung einzelner Testszenarien. Dies ist meist sehr viel Schreibarbeit.

9. Welche Kriterien bei der Auswahl des Testwerkzeuges sind Ihnen wichtig?

- Einfaches Setup, einfache Handhabung und gute Ergebnisse.
- Kompatibilität mit dem aktuell genutzten Frameworks im Projekt.
- Eine gute Usability des Frameworks.
- Es muss einfach integrierbar sein, d. h. der Code muss dafür nicht anzupassen sein, das muss out of the box funktionieren.
- Es muss möglich sein, einfach und klar neue Teststeps zu definieren.
- Die Testwerkzeuge sind bei uns zentral vorgegeben. Bei der Menge an Projekten macht das Sinn.

Seite 3 von 3

Abbildung 30: Umfrage zur erfolgreichen Testautomatisierung Seite 3/3

Aktuelle Forschungsarbeiten zu der Thematik

Bezogene Studien auf die Testautomatisierung mit Behaviour Driven Development Frameworks. Alle Informationen und Ergebnisse sind aus der jeweiligen Forschungsarbeit entnommen. In Alphabetischer Reihenfolge der Autoren und nach Gruppierung.

Autoren	Titel	Gruppe	Ziel der Forschungsarbeit	Datenerhebung	Methode	Forschungsergebnisse	Bezug zu dieser Arbeit
Binamungu, Embury und Konstantinou (Binamungu, et al., 2018b)	Maintaining Behaviour Driven Development Specifications: Challenges and Opportunities	Ansatz des BDD.	Die Chancen bzw. Vorteile und Herausforderungen von BDD herausfinden.	Online-Umfrage	Herausfinden von Charakteristiken mithilfe einer Umfrage	BDD wird aktuell aktive genutzt. Cucumber wird aktuell am meisten unter allen BDD Tools eingesetzt. Fast 50% der Organisationen planen in Zukunft den Einsatz von BDD als optionales Tool in einigen Projekten. Über 25% der Organisationen planen in Zukunft BDD als Schlüsseltool in allen Projekten einzusetzen. **Vorteile von BDD:** - Software Spezifikationen werden gut von den Endnutzern verstanden. - Verbessert die Kommunikation der Projektteilnehmer.	Behaviour Driven Development wird auch in Zukunft noch eine große Rolle spielen. Diese Arbeit gibt auch einen Einblick in die aktuell meistgenutzten BDD-Frameworks.

Autoren	Titel	Gruppe	Ziel der Forschungsarbeit	Datenerhebung	Methode	Forschungsergebnisse	Bezug zu dieser Arbeit
						Herausforderungen von BDD: - Verändert den traditionellen Ansatz der Softwareentwicklung - Die Vorteile von BDD sind hart zu quantifizieren.	
Binamungu, Embury und Konstantinou (Binamungu, et al., 2018a)	Detecting Duplicate Example in Behaviour Driven Development Specifications	Entwicklung eines neuen Ansatzes für BDD.	Ansatz zur Erkennung von Duplikationen in Spezifikationen und Bewertung auf Basis von drei Open-Source Systemen.	Erstellen von Duplikationen in Spezifikationen mithilfe von Freiwilligen.	Testlauf von drei bestehenden BBD Clone Detection Tools und Entwicklung eines eigenen Ansatzes.	Existierende Tools, die Duplikationen in BDD-Suites erkennen sollen, erkennen diese nur sehr eingeschränkt. Ein neuer Ansatz wurden entwickelt und getestet, der Duplikationen besser erkennt.	In dieser Arbeit hat sich auch das Problem herausgestellt, dass es sehr aufwändig ist, bestehende Tests aufrecht zu erhalten. Durch die Erkennung von Duplikationen im Code kann die Zahl der Spezifikationen verringert werden.
Rahman und Gao (Rahman & Gao, 2015)	A Reusable Automated Acceptance Testing Architecture for Microservices in Behavior-Driven Development	Entwicklung eines Ansatzes für BDD.	Prototyp für eine gute Prüfbarkeit und Wartbarkeit eines BDD-Testframeworks für eine Microservice Architektur.	Festlegen von Bedürfnissen und Herausforderungen	Die Festgelegten Bedürfnisse und Herausforderungen in ein Konzept umwandeln.	Eine wiederverwendbare Architektur zur Automatisierung von Akzeptanztests.	Adressiert ebenfalls ein allgemeines Problem und entwickelt eine Lösung dafür.

Anhang

Autoren	Titel	Gruppe	Ziel der Forschungsarbeit	Datenerhebung	Methode	Forschungsergebnisse	Bezug zu dieser Arbeit
Shafiee, Hvam, Haug und Wautelet (Shafiee, et al., 2018)	Behavior-Driven Development in Product Configuration Systems	Entwicklung eines Ansatzes für BDD.	Entwicklung eines neuen Ansatzes, um BDD in den Entwicklungsprozess von Produktkonfigurierungssystemen unter Verwendung von Scrum-basierten Methoden mit einzubeziehen.	Literaturrecherche	Auswertung von Anforderungsartefakten, Workshops, Interviews und Teilnehmerbeobachtungen.	Es ist noch offen, wie viel BDD in der Entwicklungsphase von Produktkonfigurierungssystemen beitragen kann. In einem Workshop wurde die Struktur einer User Story in BDD-Szenarios erarbeitet.	Adressiert ebenfalls ein allgemeines Problem und entwickelt eine Lösung dafür.
Okolnychyi und Fögen (Okolnychyi & Fögen, 2016)	A Study of Tools for Behavior-Driven Development	Vergleich von BDD-Tools.	Entwicklung von Kriterien für die Identifizierung von Tools die beim BDD angewendet werden. Bewertung und Vergleich der BDD Tools und liefern einer Leitlinie für die Auswahl des	Kriterien und Frameworks wurden anhand von Recherche herausgearbeitet.	Vergleich von Frameworks anhand der unterstützen Features	In der Forschungsarbeit werden die BDD-Tools Cucumber, Concordion, Spock, JBehave und easyb anhand der unterstützen Features miteinander verglichen. Spock und easyb sind eher auf das Testen auf Unit-Level Ebene fokussiert. JBehave, Concordion und Cucumber eher auf Akzeptanz und Integrationstests.	In dieser Arbeit werden ebenfalls BDD Testwerkzeuge miteinander verglichen. Allerdings anhand von allgemeinen Charakteristiken von BDD und Features von Tools.

Autoren	Titel	Gruppe	Ziel der Forschungsarbeit	Datenerhebung	Methode	Forschungsergebnisse	Bezug zu dieser Arbeit
			richtigen Toolkits, um die Ziele in einem Projekt zu erreichen.				
Solis und Wang (Solis & Wang, 2011)	A Study of the Characteristics of Behaviour Driven Development	Vergleich von BDD-Tools.	Eine Grundlage für das Verständnis von BDD liefern und einen Überblick über bestehende BDD-Toolkits liefern.	Literaturrecherche	Überprüfung welche BDD-Toolkits welche Charakteristiken unterstützten oder mit einbeziehen.	Das Ergebnis der Forschungsarbeit zeigt sechs Charakteristiken des Behaviour Driven Development 1. Natürliche Sprache. 2. Iterativer Zerlegungsprozess. 3. Klartextbeschreibung mit User Story und Szenario Vorlagen. 4. Automatisierte Akzeptanztests mit Mapping-Regeln. 5. Lesbarer verhaltensorientierter Spezifikationscode. 6. Verhaltensgetrieben in verschiedenen Phasen. Zudem wird gezeigt welches BDD-Toolkit diese Charakteristiken umsetzt.	Gibt einen Überblick über Behaviour Driven Development und welche BDD-Toolkits das am besten umsetzen.

Autoren	Titel	Gruppe	Ziel der Forschungsarbeit	Datenerhebung	Methode	Forschungsergebnisse	Bezug zu dieser Arbeit
Rai (Rai, 2016)	Extending Automated Testing To High-level Software Requirements	Verständlichkeit der Sprache Gherkin.	Testet die Durchführbarkeit des Akzeptanztestens nach den BDD-Prinzipien. Feststellung der Erlernbarkeit und der Verständlichkeit von Gherkin.	Online-Umfrage	Proof-of-Concept, Umfrage	**Durchführbarkeit:** Für low-experienced Programmierer ist es einfach Akzeptanztests nach den BDD-Prinzipien zu schreiben. Alle Kundenanforderungen konnten in ausführbare Spezifikationen übersetzt werden. **Erlernbarkeit und Verständlichkeit:** Die Mehrheit der Personen, die beruflich keine Programmierer sind, findet die Sprache Gherkin einfach.	Zeigt, dass es einfach ist, mit den BDD-Prinzipien zu testen und die Spezifikationen auch von Personen, die wenig technische Erfahrung haben, verstanden wird.

Tabelle 9: Aktuelle Forschungsarbeiten zum Thema BDD